サラ金トップセールスマン物語

新入社員実録日誌

笠虎 崇
KASAKO Taka

花伝社

サラ金トップセールスマン物語——新入社員実録日誌◆目次

はじめに

この本は、僕が大学卒業後、ＣＭでおなじみの、ある消費者金融会社で働いた、入社一年目の実体験をもとにした物語である。

サラ金を批判した多くの本が出版されているが、そのほとんどはサラ金の外部の人間（弁護士・債務者・フリーライターなど）が書いたものばかり。実際にサラ金で働いた僕から見ると、その批判は一面的で、かつ、内部の人間しかわからない実情が欠けている。僕はこの本でサラ金を告発するわけでもなく、また債務者を批判するわけでもなく、今、実際にサラ金でどんなことが行われているかをできるだけ忠実に書くことを心掛けた。

○金を返さず「俺にはヤクザがついている」とサラ金社員を脅す債務者。
○法律で認められている紹介業者の実態。
○スポーツ新聞の広告で、虚偽の低金利をえさに集客する業者の実態。
○不動産担保ローンで借金のとりまとめを盛んに行い、成長を遂げる消費者金融業界の実情。
○保証人と連帯保証人の違いも知らず、契約書にサインしてしまう人々。
○銀行の手続きの遅さ、市役所のいい加減さ、サラ金並みの高金利をとるクレジットカードのキャッシング、町金、違法業者、トイチなど、サラ金に群がる人々……。

そういったサラ金を取り巻く実情を、大学を卒業した、消費者金融業界についてほとんど知らない新入社員の視点から描いているので、「何も知らない」読者にとっても読み進めやすいと思う。

高額納税者所得番付で大手消費者金融会社の社長がずらりと並ぶ時代。

毎年数百名もの大量新卒社員をサラ金会社が採用している時代。

手っ取り早くぼろ儲けできるサラ金に目をつけ、銀行やＩＴ企業なども、こぞってサラ金事業に進出している時代。

愛くるしいキャラクターや若い女性モデルのＣＭ起用で、サラ金が身近になった時代。

そんな時代だからこそ、ほんの些細なきっかけから、業界の実情を知らないために、誰もがやり直しのきかない転落人生を歩む危険性をはらんでいる。

身近にサラ金があふれている今こそ、サラ金の実情を知る一助として、この本を読んでもらえればと思っている。

また、この本は、新入社員が会社に入り、職場の人間関係や、社内の勢力争い、営業の仕方などを覚えていく過程もたどっているので、サラ金とは関係なく、これから社会人になる学生や、会社に入ったばかりの入社一年目の社員の方が読んでも、役立つ内容になっていると思う。

社会では、知識がなく、知らないために騙されたら、誰も助けてくれない。騙されないためにも、また騙す側にならないためにも、今の社会の悲喜劇が詰まったこのサラ金の実録物語を読んでもらいたいと思う。

プロローグ――サラ金は必要悪や

❖サラ金は成長業界なんや

「八木君、ちょっといいかー」

社会人として初出社の日。教育担当と紹介された岡田先輩が、僕を応接室に呼び出した。

僕は、「消費者金融」といえばまだ聞こえはいいが、俗に言う「サラ金」に就職した。バブル崩壊後、銀行や生命保険会社、証券会社が次から次へと倒産し、また不祥事が報道される中、不景気にもかかわらず金融業で驚くべき急成長を遂げていたのが消費者金融業界だった。給料も高く、新卒採用にも積極的で、毎年右肩上がりの成長。しかも全国に出店ラッシュのため昇進も早い。特にやりたい仕事がなかった僕にとって、給料が高く昇進も早そうな、しかも今まさに成長途上にある「サラ金」こそ、うってつけの就職先だった。

僕が勤めることになったナルシンファイナンスは、業界の中では中堅クラス。ばんばんテレビコマーシャルをやっている大手消費者金融より規模は劣っていたが、業界全体の追い風を受け、

成長著しい会社だった。大手消費者金融は三千人規模の大会社になっていた。いくらポスト不足とはいえ、もう飽和状態だ。これだけの規模になると大企業病も出てくるだろう。五百人程度の中堅の会社なら、今後も急激に伸びるだろうと思い、ナルシンファイナンスに就職したのだ。

全国に百店舗、無担保ローンの店があり、その他に無人機の「ナルシスくん」のみの店が三十店。そして僕が配属された不動産担保ローン専門店が六店あった。大手に追いつけ追い越せを掛け声に、営業に力を入れていた。その中で大手企業に追いつく秘策として考えられたのが「不動産担保ローン」なのだ。

無担保ローンで小さな貸し出しをして、地道に融資残高を増やしていっても、到底大手にはかなわない。そこで一挙に融資残高を伸ばす大口融資商品として、不動産担保ローンをはじめたのだ。無担保ローンは通常五十万円までだが、不動産担保ローンは最低百万円から上限は三億円までという大きな融資だ。不動産担保専門店は、二年前まで東京と大阪の二店舗しかなかったが、昨年になって札幌・仙台・名古屋・福岡と四店舗増やした。それで人手が不足しているので、中途採用でリストラされた銀行出身者などを続々と入れた。より一層、力を入れるために、不動産担保ローンの店に、はじめて新卒の社員が配属された。それが僕だった。

「これから八木君の教育担当となる岡田です。よろしくなー」

職場の人が恐い人だったらどうしようと心配していたが、教育担当の岡田先輩は、まじめそうで、頼り甲斐のあるお兄さんといった感じで、とても親近感が持てそうでほっとした。岡田先輩も二年前に新卒でこの会社に入ったばかりだった。

❖サラ金は、タバコみたいなもんや

「ところで八木君、この仕事のこと、どう思う？」

うーん、この仕事のこと？　正直、サラ金という仕事について今まで深く考えたことはなかった。ただ世間で言われているような、一般的なサラ金批判説は受け入れがたかった。借りたものは返す。これが当たり前だと思う。でも僕にとって仕事の中身など何でも良かった。実力があれば、年功序列ではなくすぐに昇進できる。給料がいい。金融会社だから基本的に土日は休み。ようは自分が働く環境としてしかサラ金の仕事を考えていなかった。仕事の中身は余程いやなものでなければ何でもよかったのだから。僕が返答に困っていると、岡田先輩は自ら口を開いた。

「八木君な、うちの仕事はな、このタバコみたいなもんやー」

岡田先輩は吸っているタバコを頭上にかざして、ぷはーと煙を吐き出した。

「タバコの吸い過ぎはよくないから何度も禁煙しようとするんやけど、どうしてもできんのや。しばらく禁煙してもまた吸ってしまう。そのうちだんだん吸う量が増えていくんや」

サラ金の仕事とタバコの話がどう結びつくのだろうか。僕はわからず黙って耳を傾けた。

「サラ金はな、少しだけうまく使って借りるのはいいんや。でもな、そのうちやめられんようになって、どんどんエスカレートしていく。ちゃんとコントロールしないと大変なことになる。タバコと同じや。適度に吸う分にはいい。でも吸い過ぎたらあかんのや。金を借りるのもいっしょや。借りすぎたら体に悪くなるばかりか、人生おかしくなるんやで」

僕がこれからする仕事は人生がおかしくなるほどひどいものなのだろうか。今の時代にお金を借りるなんて、生活費のためではなく、ちょっと遊ぶお金が欲しい程度のことだと思っていたが、岡田先輩の話を聞くとなんだかすごそうだ。人生がおかしくなるなんて……。

「世間ではサラ金サラ金いうてうちみたいな会社を悪くいうけどな、でもな、タバコといっしょでサラ金は『必要悪』なんやで。そのことをよう覚えておかなあかん。ほんとは悪いもんだけど、必要なものなんや。必要としている人がどこかにいてる。だから商売として成り立つんや。八木君な、しばらく仕事を続けていくと、『俺の仕事って社会の役に立っているんだろうか』と思うかもしれん。だけどな、金貸しは社会に必要なんや。本当にあくどい商売やったらサラ金の仕事なんかとっくに社会からなくなってるし、右肩上がりの成長はせんはずや。たとえ『悪』でも必要とされている限り、社会からはなくならない、必要とされている仕事なんやで、金貸しは」

「必要悪」か……。サラ金の仕事はそんなにドロドロとしたものかなとショックを受けた。給料さえよければ仕事は何でもいいと思って就職したものの、社会で長く仕事を続けていくには、それだけの動機ではだめなのかもしれない。一体この先何年この仕事を続けられるのだろうか。入社初日から不安になった。こうして僕のはじめての社会人生活、サラ金勤め生活が始まった。

❖毎年最下位の低迷店に配属されたんや

岡田先輩からサラ金業としての洗礼を受けた後、朝九時の始業時間となり、朝礼が始まった。社員全員が起立したままの朝礼。三十～四十歳の男ばかりが十人ほど立ち並んでいた。

気合いの入った挨拶から始まる……と言いたいところだが、今日、朝礼担当の岡田先輩の挨拶だけが元気よく、あとはどこか投げやりな挨拶だった。

「なんだ、その挨拶は！　岡田君、もう一回挨拶やり直し！」

柳田店長が朝から怒りをあらわにして全員を怒鳴った。挨拶のやり直しなんて、なんか小学校みたいだ。やり直して変わったとも思えない覇気のない挨拶が終わると、岡田先輩は先月の営業成績を読み上げた。

「三月トータル契約件数十四件、融資総額一億六千五百万円、融資残高伸びが七千八百万円……」

そっか、僕は営業なんだ。毎日営業成績と闘うサラリーマンになったのだということをひしひしと感じた。店には大きなホワイトボードに営業成績の個人別グラフが描かれていた。

「では、柳田店長、お話、よろしくお願いします！」

眼鏡を掛けた細身の店長だが、その狡猾そうな風貌は、営業店の長として、常に数字に追われる立場を物語っているかのようだった。

「岡田君から営業成績の発表がありましたが、残念ながら、前半の不調がたたって、全国六店舗の不動産担保ローン店の中で、半期の成績では最下位。今週、本社の全体会議に行きますが、東京店の営業不振に対しては部長から厳しくつっこまれると思います。特に成績の悪かった人は、何が悪かったのか十二分に反省し、また今日から新しい半期がはじまりますので、なにがなんでもがんばってください」

六店舗中最下位？　東京店はそんなにへぼいのか。参ったな。こんな店に配属されてしまって。

「ところで、今日からこの東京店に新卒の社員が配属されることになりました。不動産担保ローンの店に新卒社員が配属されるのは、はじめてのことです。それだけ会社としては不動産担保部門に期待しているのです。いち早く戦力になって東京店の一員として活躍してもらいたいと思います。では、八木君！」

「ハイ！」

「今日からこの店に配属されました八木と申します。早く一人前になって、仕事ができるようがんばりたいと思いますので、よろしくお願いします！」

適当に就職したとはいえ、一応はじめての社会人生活である。僕は熱血漢には程遠いが、入ったからにはがんばろうと、それでも自然と気合いが入った。店長と岡田先輩だけが、新入社員を歓迎し盛り上げようと、拍手を必要以上に大きく叩いてみたが、そんな態度がここでは妙に浮き上がってしまう。そこに居合わせた他の社員は、自分には何の関係もないといった態度だった。

「では、これで朝礼終わります。今日も一日よろしくお願いします！」

「ねがいしま〜す」

なんだ、この腐敗しきったムードは。毎年最下位で、向上心のない中年社員ばかりが集まった店。僕はこんなところに配属されてやっていけるのだろうか。先行きの不安ばかりがよぎった。

❖新人社員に突然女性から電話が掛かってくるその理由とは？

「八木君、ちょっと来て」

朝礼が終わると、今度は柳田店長から応接室に呼び出された。店長から事務的な手続きのことやら、この店のこと、社会人としての心構えの話があった。さっきの岡田先輩の話に比べると、常識的な話で安心した。そんな話の最中に電話が鳴った。何回鳴っても誰も取ろうとしない。店長は業を煮やして、自分で電話を取った。電話を取ると、みるみる店長の形相が変わっていった。

「八木君！　女性から電話！」

店長は恐ろしい顔をして、店全体に響き渡るように叫んで、僕に電話を取り次いだ。口をとんがらせ、あごをしゃくりあげ、目をひんむいてにらみつけた。後から先輩社員に聞いた話だが、その表情から店長のあだなは「ひょっとこ」と呼ばれているらしい。その形相はすさまじかった。とはいえ、はじめて職場に来たその日に、新入社員の分際で、個人宛ての電話がしかも女性から掛かってきたら、誰でも怒るだろう。遠くで岡田先輩が心配そうに僕を見つめていた。この出来事に他の先輩社員もニヤニヤしながら事の顛末を見守っている。しかし僕には身に覚えがなかった。ここの職場の電話番号を教えたのはまだ父親しかいないのだから。女性から掛かってくるはずはない。一体誰からなのだろうか？　僕は緊張しながら電話を取った。

「八木さんでしょうか？」

「はい」

「日本クレジットと申します。この度はクレジットカードをお作りいただき、ありがとうございました。在籍の確認をさせていただきました。それでは失礼します」

なんだ。クレジットカードを作った確認の電話だったのか。社会人になったから、クレジットカードの一枚ぐらいは持たないといけないかなと思い、カードを作った。その時、申込書に職場の電話番号を書いたのだ。柳田店長は事情を察したからか、何も言わずに応接室から出ていった。それにしてもついてない。会社生活初日だというのに。しかも店長が電話を取ってしまうなんて。

「八木君、どこから電話やったんや?」

岡田先輩が心配そうに声を掛けてくれた。店長の目をひんむいた態度が気になったのだろう。なんといってもサラ金業界の離職率は異常に高い。後から聞いた話だが、新入社員の半分以上は入社一年で辞めてしまうという。そんなことを心配してか、教育担当に任命されているだけあって、責任感の強い岡田先輩は、兄貴のように僕を気遣ってくれた。

「びっくりしましたよ。クレジットカード会社からだったんです。この前、はじめてカードを作った時に、ここの電話番号を書いたんです。女性からって言うから、ひやひやしましたよ」

「なんや、そうやったんか。よかった。よかった。それにしても笑い話やな。初出勤の日に在籍確認されるとは、金融業のお株を奪われたな。はっはっは」

「笑いことじゃないですよ。もうほんと迷惑な話です。会社名も名乗らず、若い女性から掛けてきたら、店長は怒りますよ」

「なんでカード会社が会社名を名乗らず掛けてきたかわかるか?」

「いや、わからないですけど……」

「『在籍確認』いうて、その人がちゃんとその会社に勤めているかどうかを金融会社が確かめる作業なんや。なぜ個人名で掛けてくるかいうと、プライバシーの保護のためや。あの人、あそこのクレジットカード持ってるとか、あの人あそこのサラ金から金借りてんだとか職場にばれてしまったら困るやろ。そやから必ず個人名で職場に電話を掛ける。これこそ、まさにうちらの仕事なんやで。お客から申し込み受けて勤務先書いてもろうたら、八木君も個人名で職場に電話掛けて在籍確認するんや」

「そうだったんですか」

サラ金勤務初日に、女性の個人名で電話が掛かってきて在籍確認をされるという、まったく情けないスタートとなった。

❖金融業の鉄則は、性悪説や

「八木君な。在籍確認のついでに金融業の鉄則教えてやるわ」

「鉄則？」

「そうや。八木君は、人間のこと、どう思う？」

「人間のこと」と突然聞かれて、僕は何と答えたらいいのか見当もつかなかった。

「つまりな、性善説か性悪説かってことや。ようは、人を信じるか、信じないかってことや」

性善説に性悪説？　岡田先輩はやけに難しい話をする。なんでそんな哲学みたいな話がサラ金に関係あるのだろうか。

「いいか。金融業の鉄則は性悪説なんや。人を疑うことからはじめる。それが金貸しの商売哲学の基本中の基本なんやで」

「……」

「客は金を借りるためには平気で嘘つきおるんや。たとえば勤務先にしても、名刺や給与明細書とかを偽造して騙したりするんやで。大手企業の勤めだと思ったら全然違うなんてことになったら、えらいことや。だからな、わざわざ在籍確認いうて電話掛けたりするわけや。そうやって客の言ったことが本当かどうか、この目で確かめ、書類で裏付け、確かめる。客の言ったことを一つ一つ疑ってかかっていく。これを忘れたらあかんで」

この仕事を何年も続けていたら人間不信になってしまいそうだ。僕はとんでもない職業についてしまったのかもしれない。

❖新人の仕事で大変なのは電話取りや

サラ金に勤めるようになってから一週間、僕の仕事はまずそうじから始まる。始業時間三十分前から、そうじきがけと机ふき、トイレそうじはすべて新人の仕事だった。なんだか、まるで青木雄二のマンガ『ナニワ金融道』みたいだ。また、東京店には女性社員がいないので、お客さんにお茶を出すのも僕の仕事だった。別にそれは嫌ではなかったが、最も嫌な仕事は電話を取ることだった。

みんな早口で聞き取れない。特に電話が掛かってくる金融業者や、融資した債務者は、みんなひとクセもふたクセもある人ばかりで、担当者につなぐ前にわけのわからないことを言われて困ることが多かった。誰もが殺気だっている。慣れない電話の取次ぎをしようものなら、すぐ文句を言われるのだ。

「八木君、電話応対もできんでどうする？　電話取りは社会人に基本中の基本や。特に営業マンたるもの、電話をすばやく取ることは当たり前やで」

と岡田先輩から度々言われたが、どうにも電話取りには慣れなかった。

昼間はこうして電話取りと格闘しながら、「不動産担保ローン融資マニュアル」を読んで過ごした。そして終業時間三十分前になると、ゴミ集めとゴミ捨てをする。サラ金新入社員の一週間はこんな風にして過ぎていった。

1 媒介業者から客を紹介してもらうんや

❖スポーツ新聞は紹介業者の宝庫なんや

僕が入社していつも不思議に思っていたことがあった。それは先輩社員たちが念入りにスポーツ新聞を広げていることだった。それもふまじめな先輩が読んでいるのではなく、元住専でまじめに勤め、住専が倒産したので、仕方なくサラ金に転職した山野さんがそうしていることだった。競馬やパチンコもしそうもなく、まじめ一筋の山野さんが、なぜスポーツ新聞を見ているのか不思議でならなかった。しかも、仕事に細かい注意をする店長が何も言わない。一体この会社、どうなっているのだろうと、おそるおそる岡田先輩に聞いてみた。

「そっか、おまえ知らなかったんか。うちにしょっちゅう電話してくる業者さんあるやろ?」

「なんとかファイナンスとか、なんとかローンとか、変な名前の金融業者ですか?」

「そや。うちの会社はな、媒介業者といって、同業の金融業者から客を紹介してもらってるんや。うちも新聞に不動産ローンの広告出してるけどな、それも今月一杯までや。広告費に金がかかるから、広告やめて業者から客を引っ張ってくるんや」

「それって、問題になっている紹介屋とかで、マズイんじゃないんですか？」

「違法の紹介屋とは違うんや。ちゃんと法律で認められた金融の媒介業っていうのがあるんや。ようは不動産の媒介業みたいなもんやな。業者がどないしてうちに客つれてくるかっていうとな、山野さんが見ているスポーツ新聞とかに広告を出すわけや」

岡田先輩は机の引き出しから、スポーツ新聞の金融広告ページの切抜きを取り出した。

「ほれ、ここみてみ。電話掛けてくる会社の名前ばかりのってるやろ」

そこにはうちの会社に電話を掛けてくる金融業者の名前がずらりと並んでいた。その広告を見てみると「利率二〜五％の超低利融資」とか書いている。しかも会社の名前は、どこかの大手銀行の子会社であるかのようなものばかりだ。

「これはどこも媒介業者やで。自分のとこでは融資せんのや。こうして低利の広告で客を集めて、うちや第一ファイナンスや他の不動産融資をしてる金融業者に紹介するんや」

「でも岡田先輩、うちの会社はそんな低利で融資してないですよね。うちは九〜二十四％の利息でしか融資してないんじゃ……」

「媒介業者なんて口が勝負や。超低利の広告で集めるだけ客集めて、そこからいろんなこというて客を説得させる。それが媒介業者の営業マンの腕の見せどころなんや」

「でもそれって、嘘の広告ってことじゃないですか？」

「そんなのいくらでも言い逃れできるんや。サラ金で三社も借り入れがあるので、低利融資の対象外になってしまうだとか、年収五百万円以下だと利率が悪くなってしまうだとか。まあなんでもいいんや。客を説得できれば」

信じられない。そんなことが公然と行われていることにびっくりした。

❖騙される方が悪いんや

「別に嘘の広告なんて金融業者だけに限らんで。たとえば旅行会社だって『沖縄三泊四日で二万九八〇〇円！』とか出すやろ。でもいざ問い合わせてみると、それは四人以上の場合に限るだとか、出発日は月曜日から水曜日だけだとか、えらい制約があって、まともに行こうとしたら結局は六万円ぐらいかかる。ようはあれと一緒や。低利で出しているのはあくまで素晴らしい条件をそろえたごく限られた場合だけやいうことや」

岡田先輩にそう言われてみると妙に納得してしまうのだが、やっぱりどこかおかしくないか？

「社会に出るいうことはな、知恵をつけなきゃあかんってことや。現実社会はな、騙される人間が悪いんや。知らない人間が悪いんや。知恵つけて生きてかなきゃ、バカを見るだけやで」

これが社会人になるってことなのだろうか？　それとも僕が就職した先がサラ金会社だったからだろうか。僕の常識が次々と崩れていく。

「さっきも言うたけど、うちは今月一杯で新聞広告をやめるんや。なんでかわかるか？　まともにうちが利率九〜二十四％と掲載したら、客は高いと思って電話掛けてこないやろ。その隣に媒介業者の利率二〜五％ていう広告あったらまずそっちに電話掛けるのが普通や。うちは名の知れた中堅会社になってしまったから、媒介業者のように嘘の広告出すわけにはいかないんや。だからな、高い金かけて反響の悪い広告をやめることにしたんや」

「それで、僕らは媒介業者にお客さんを紹介してもらうんですか？」

「そや。媒介業者の集客力を利用して、客を獲得しようという魂胆や。だからな、これからうちらは媒介業者に営業かけて、『うちにもお客さん、紹介してください』って回って歩くんや」

「でも、そんなことしたら、業者と結託して客を騙してるってことにならないんですか？」

「そんなヘマするわけないやろ。うちはうちできちっと店に融資利率を掲げておけばいいんや。あくまで媒介業者とうちとは全く別の会社で、たまたま客を紹介してもらっただけやからな」

媒介業とは聞こえがいいが、ようは「紹介屋」と変わりない。自分のところでは融資せず、融資先の会社を紹介して手数料を抜くという商売だ。紹介屋と違うのは、きちんと媒介業者として登録していることと、手数料を法律の範囲内で認められた五％以内にしていることぐらいだ。

「五％」というとたいしたことのない数字に思えるが、単価の高い不動産担保融資の五％といったら相当な額になる。たとえば、うちの融資の平均単価は一千万円ぐらい。一千万円の客を紹介した業者には手数料で五十万円入るのだ。ただ客を紹介しただけで五十万円なのだから、ものすごい金額なのだ。

❖媒介業者は客を紹介してくれる大事な取引先なんや

「今からちょうどお得意先の媒介業者のトウアンとこに行くけど、八木君も行くか？」

「ぜひ！」

媒介業者とはどんなところなのか。その実態を見てみたいと思った。

「トウアンは、俺の担当している業者では成約率ナンバーワンや。あそこはさっき言ったみたいな新聞広告はうっていないいんや。トウアンの案件はほとんどが静岡県内なんやけど、地元の金融業者や不動産業者とコネだけで集客してるんや。ＤＭとか広告は一切してないんやで」

「よくそれで客が集まりますね」

「広告やＤＭって反響はあるんやけど、金もかかるし、ロスも多いんや。不動産の担保価値のない客とかいっぱいおるしな。でもトウアンのところは、コネで客引っ張ってくるから、不動産の担保評価が出ない案件が少ないんや。だからムダな仕事せず、成約率もいいんや。金にまかせて広告するより、人脈がある方が確実なんや。だからうちも広告やめて、媒介業者からの集客一本にしようとしてるんや。トウアンはうちにとってはすごく大事な取引先だから、くれぐれも失礼のないように」

大事な取引先と聞き、僕はドキドキしていた。着いたのは、新橋駅近くにあるだいぶ古びたマンションだった。「大事な取引先」というから立派なオフィスビルを想像していたが、そんなものとは程遠い。このマンションには、あやしげな事務所が集まっている感じだった。エレベーターで七階まで行き、「東海安心パートナーズ」と表札に書かれた部屋の前に立った。ブザーを押すと中から中年の細身の男が出てきた。

「どうも、岡田さん。わざわざお越しいただいて。あれ？　今日はお連れの方がいらっしゃるんですね。どうぞ、あがってください。狭いところですけど」

確かに狭かった。部屋は六畳ほどのワンルームしかなかった。部屋にはもう一人、四十歳過ぎと思われる人のよさそうなおっちゃんが、忙しそうに電話を掛けていた。中年の男がたった二人。オフィスというより住宅用の部屋を事務所に使っているという感じだ。

「トウアンの羽柴と申します。よろしくお願いします」

トウアンは、うちと取引のある媒介業者の中でも三本の指に入る成約率の良い業者さんだ。その営業マンがこの羽柴さんなのだ。客をうまいこと説得するバリバリの営業マンを想像していたが、目の前にいるのは、ちょっと弱気そうで、どちらかというと押しの弱そうな人だった。話す言葉も巧みといった感じはない。こわもての金融の媒介業者といった人物像とはかけ離れていた。

「先月は助かりました。三本も決めていただいて。トータルで四千万円でしたよね?」

(一ヵ月で四千万円? ということは手数料が二百万円も入っているのだ)

忙しそうに電話を掛けていたもう一人の男が電話を終えると、「岡田君よく来たねー」と親しげに言葉を掛けた。

「星野社長、もうかってまっか?」

「岡田君のおかげでわが社は安泰ですよ。ところで今日は何しにきたんでしたっけ?」

星野社長は穏やかな表情から一瞬鋭い視線を僕に向けたような気がした。岡田先輩が答えようとする前に、羽柴さんが口を開いた。

「保証人でとまっている村上一樹の件です。あと、こちらにいるのが、ナルシンさんに入った新卒社員さんだそうです」

「ほー、ナルシンの東京店にも新卒社員が配属されたんですか。羽柴、ボーとしてないで、大事なお客さんにコーヒー頼んであげて」

「ハイ、ただいま！」

羽柴さんは星野社長から何か言われると、えらくかしこまって返事をしていた。良きパートナーというよりは、上司と部下という関係なのだろう。

「八木君といったかな。この岡田君は一見すると関西の売れない漫才師みたいだけど、すごく優秀な人なんですよ。この人についてしっかり勉強していけば間違いないからね」

挨拶を終えた時、先ほど頼んだコーヒーが運ばれてきた。マンションの一階にある喫茶店がデリバリサービスを行っているらしい。羽柴さんが運んできた店員にお金を渡していた。なんの変哲もないコーヒーだったが、一杯七百円もすることに驚いた。

❖連帯保証人がいれば貸せるんや

「じゃあ早速、本題に入りましょうか」

星野社長は真剣な表情で机から資料を取り出した。

「せっかく担保評価出てるのに、クレジットカードでブラックになってるからとまってしまったんですよね。で、岡田君、うちから説得して保証人つけるようにお願いしてね、お母さんならいいっていうんだけど、大丈夫かな」

「属性は？」

「六十五歳、月十万の年金収入で、一樹とは同居の実の母親です」

「それだけでは八百万円の保証人としては厳しいですわ。兄弟とかダメなんですか」

「お兄さんが静岡市役所で勤続十年、年収七百万円の上玉なんだけど、それは無理みたいですね」

「たしか弟もいましたよね」

「そうそう、弟は保証人になることは大丈夫らしいんだけど、フリーターなんですよ。定職についてないとだめでしょう？」

それを聞いて、岡田先輩はにわかに興味を持ったらしい。

「いくらぐらい収入があるんですか」

「コンビニとガソリンスタンドをやっていて、月十五万ぐらいですけどね」

「それやったら、母親と弟を保証人にすれば審査、通るかもしれませんよ」

「よし！　村上はこれでなんとか絵描けそうじゃないか。羽柴、今、村上つかまるかな」

星野社長は善は急げとばかりに、羽柴さんにすぐ村上一樹に電話をさせた。連絡がつき、母親と弟の両方が保証人になることはＯＫだそうだ。

「じゃあ明日家にうかがいますので、お母さんと弟さんに必ずいてもらうようにしてください」

「岡田君に聞くとすぐ回答してくれるから助かりますね。何事もスピーディーにいかないとね」

「明日、岡田さん、静岡駅のいつものところで九時待ち合わせということで」

❖世の中にはあやしい会社がいっぱいあるんや

トウアンとの打ち合わせが終わった。僕は大きなカルチャーショックを受けていた。たった六畳の事務所と社員二人だけで、莫大な手数料を稼ぎ出し、うちの大事な取引先にまでなっている。僕はなんだか見てはならない裏の世界に一歩足を踏み入れてしまったような感じがした。社会には世間一般には知られていない会社がいっぱいあるのだ。

僕はこれからこういう人たちと一緒に仕事をしていくのだ。媒介業者とのやりとりで、岡田先輩のように信頼されるかどうかで、自分の営業成績も決まってくる。僕はこんな世界で働いていて良いのだろうかと不安を覚えていた。

しかし岡田先輩が「八木君も明日一緒に静岡に連れて行くからな」と言われると、僕はうれしかった。どこかでこの世界をのぞいてみたくてしょうがないという思いがあったからだった。

2　現地調査で客を徹底的に調べ上げるんや

❖不動産担保融資の肝は「掛け目」や

朝七時半の新幹線に乗って静岡へと向かったのだが、これほどサラリーマンでごったがえしているとは思わなかった。新幹線の中で、岡田先輩がこの案件の概要を説明してくれた。

「静岡市内の一戸建て物件。土地は八十坪、整形で公道六mに接面。閑静な住宅街の物件で、坪単価四十万で土地評価三千二百万円やな。建物は築十五年で評価なし。物件的には問題なしや」

「すでにどこかから担保でお金を借りてはいないんですか?」

「銀行から借りてるで。一番目に大手銀行から根抵当で一千万円、残高二百万円。これは父親が事業資金で借りていたらしい。二番で地元の信用金庫から抵当権で一千万円、残高二百八十万円。これは今の建物建てる時に借りたんやな。そんで三番に個人名で根抵当三千万円ついてるが、これは地元の悪徳町金やな。残高四百万円で、半年後に元金一括返済、年利三十六%で利息は先に払っていたんや。この期日が近づいて、返すあてがないから、うちで借り換えしようというわけや。その他にサラ金六社で二百万円、クレジットカードで六十万円。これが延滞事故になっとる。あとはトウアンの手数料とうちの手数料やら費用で、ざっと八百万円の融資になるんや」

「てことは、大手銀行、信用金庫のあとの、三番抵当になるってことですよね？」

「そうや。八木君は抵当順位のことはわかるんか？」

「家を売った時に、抵当権を設定した順番で返済していく優先順位になるんですよね」

「そういうことや。三番目っていうのはあまりよくないんや」

「それでこの案件は大丈夫なんですか？」

「担保の評価に対してどのぐらいまで融資できるかっていう目安を、『掛け目』っていうんや。一番なら七十五％まで。二番なら七十％まで。三番なら六十五％まで、担保評価に対して貸せる。抵当順位が悪くてもその分、掛け目を抑えるから、大丈夫なんや」

なるほど、そうやって順位が低くても危険を回避をしているのか。

❖一度ブラックになった奴は、収入があっても返済能力ゼロなんや

「それで、村上一樹だけどな、三十五歳、家族は妻、子供一人、勤めは大手電気メーカーで年収六百万円。楽勝案件やなと思ったら、クレジットカードの延滞事故が出てきてしまったんや」

「事故があったら年収が良くてもだめなんですか？」

「当たり前やろ。事故起こしてるということは、現状で支払いができないってことやろ。そんな奴に貸して返せるわけないんや。いくら収入があっても返済能力はゼロとみなきゃあかんのや」

「それで連帯保証人をつけるってことだったんですね」

「そういうことや。まあ一千万円以下やから、母親と弟の連帯保証だけでなんとかなるやろ」

「で、今日は何をするんですか?」

「本人と母親と弟にうちの申込書を書いてもらう。あと担保物件の調査。それから、法務局いって最新の登記簿謄本とって、市役所にいって税金払ってるかどうか納税証明書をとって、それが終わったら、地元の不動産屋に聞き込みして、付近の相場を調べるんや。結構ハードやで」

九時に静岡駅に到着すると、トウアンの羽柴さんは駅前ですでに待っていた。三人で村上一樹宅へと向かった。駅から車で十五分で村上一樹宅に到着した。資料どおり閑静な住宅地で、周囲の環境も良さそうだった。自宅に入ると、今回の申込人、村上一樹と、母、弟がそろっていた。母親が、「ちらかってますが、どうぞ、お上がりください」と言って迎えてくれたが、本当にちらかっていた。足の踏み場もなく、いろんな物がちらかり、テーブルはものでいっぱい。流しには洗い物がたまっている様子で、部屋の片隅にはゴミがちらかっていた。借入人となる村上一樹は人の良さそうな感じだったが、金融業者が三人も来たせいか、妙におどおどしていた。

「羽柴さん、大丈夫ですよね。借りられますよね」

不安そうな面持ちで村上一樹は言った。よほど融資してもらえるかが心配なようだ。

「ええ、ナルシンさんは全国にある大手ファイナンス会社ですから、安心してください」

❖申込書でも本人が書かなあかんのや

岡田先輩がナルシンの申込書を三枚出して、三人に渡した。融資の申込書といってもそんなに難しいものではない。住所・氏名・生年月日・電話番号・希望金額・勤務先住所・同居家族氏名。あとは他社からの借入がないかどうか。そのぐらいだ。母親だけは、これだけの大金を不動産担保でサラ金から借りるということに、だらしのない息子のためとはいえど、怯《おび》えを隠せないようで手が震えてなかなか書けなかった。

それを横で見ていた村上一樹が、「お母さん、書いてやろうか」とたまりかねていった。母親が申込書を渡そうとしているのに気づいた岡田先輩が、鋭く声を掛けた。

「必ず本人が書いてくれないと困るんですわ。でないと保証人の申込の意志確認にならないんで」

申込書を一通り書き終えると、一人一人に岡田先輩が質問していった。まず岡田先輩が質問者に選んだのは弟だった。

「アルバイトの月の収入の内訳は？」

「コンビニで十万円、ガソリンスタンドで五万円で、だいたい合計十五万円です」

「そういえば、家の駐車場にあった新車、弟さんのですか？」

「そうですけど。車だけが趣味なんで」

「車のローンは月々いくらなんですか？」

「ローンはないですよ。前に乗ってた車を売ったお金と、新車買うためにお金貯めてましたから、それで全額払いました」

「収入を証明できるようなものありますか？」

弟は面倒くさそうに、給与明細を出した。執拗とも思える岡田先輩の対応に、自分が借りるわけではない弟はあからさまに嫌な顔をしていたが、「こいつが返済原資なんや」といわんばかりに、岡田先輩が容赦なく聞き込みしている姿は、まるで刑事か探偵のように思えてならなかった。

弟に最後に運転免許証で身分を確認すると、今度は母親に話がうつった。

「ここの不動産の前の所有者である村上一郎さんは、旦那さんですか？」

「ええ、そうです」

「この不動産を一樹さんが相続していますが、一樹さんの兄がなぜ相続しなかったんですか？」

「他にも土地を持っていたんで、この近くにある土地を相続して、そこに新築の自宅を建てて、今、家族と住んでいるんですよ。まったくうちに一緒に住めばいいものを、やっぱり老人は邪魔扱いされてるのかなあ。小さい頃から堅物で頑固だったからなあ。まったく親のいうことを聞こうとしないんですよ。ほんとに困った子ですよ。そこんとこいくと一樹は優しくてなあ。一緒に私と住んでくれてるんですよ。まあいい子なんですけど、その分、私が甘やかしてしまったからか、借金こさえてしまって。でも職場の後輩からお金貸してくれって頼まれて、断れんかったんでしょう。それであくどい金融屋さんに騙されてしまって、知らぬ間に家を担保に取られて、もう私はそれを聞いたとき、驚いてひっくりかえりそうになりましたよ」

普段はずっと家にいて家族以外の人と話す機会がないせいか、いろんなことをしゃべりたいようだ。サラ金業者といえども、お母さんにとってはいい話し相手なのかもしれない。

まだまだ母親は話足りなそうだったが、この辺で話は切り上げ、収入関係の書類として年金の受給書のコピーをもらい、本人の確認のためにと保険証をみせてもらった。

❖借金したのはすべて本人が悪いんや

そして今度は村上一樹の話へとうつった。現在の仕事と収入状況を手短に聞き、源泉徴収票と月の給与明細書を出してもらった。岡田先輩が村上一樹に、これまでどうして借金をしたのか、何にお金を使ったのか、今、いくら借金があるのか。どうしてクレジットカードの延滞事故を起こしてしまったかなどを重点的に聞いていた。村上一樹は話しにくそうにぼそぼそ話していた。

「後輩から頼まれてお金を貸した」「いつのまにか自分も結構借金をしてしまった」「自分のためにほとんどお金は使っていない」「知らない間にカードの延滞事故にされてしまった」「地元の金融業者にほとんど騙されたも同然」と答えていた。いまいち不明瞭なところが多く、本当にそうなのか？　と思われるところもあったし、話のつじつまが合わない部分もあったが、岡田先輩は話が終わるまで黙って聞いていた。村上さんの話が終わると一挙に岡田先輩はまくしたてた。

「村上さん、お話聞いてると、借金できたのも今の状況になってしまったのも、全部他人のせいのように聞こえますがねえ、借金こさえて困った状況になってしまった最終的な責任は一樹さんにあるんですよ。それを忘れたら絶対にあきまへんで。誰が使おうが、騙されようが、すべて借金の名義人は一樹さんなんですから」

しょぼんとしてしまった村上一樹に、羽柴さんがすかさずフォローをいれる。

「村上さん、こうしてナルシンさんがきついことというのも、今、借りている地元の金融業者みたいに、いいことばかりいって騙して貸そうって魂胆じゃないからですよ。この機会に借金はすべてナルシンさんにまとめて、毎回返していけば大丈夫ですよ」

「わ、わかりました。ちゃんと返していきますんで……」

岡田先輩と羽柴さんの間で、前々からしっかり打ち合わせをしているかのような、見事な連係プレーに思えた。岡田先輩がきつくいうと、すぐに羽柴さんがフォローを入れる。ただ媒介業者は案件を紹介するだけが仕事ではないのだなと思った。

「あと、一樹さん。今、不動産担保で借りている銀行の残高証明書はこの前にもらいましたので、その返済予定表はありますか？」

大手銀行から一番で根抵当で借りている返済予定表と、家を建てるために借りた二番抵当の地元信金の返済予定表を差し出した。そこには毎月の返済額と、残高がずらりと並んでいる。岡田先輩はその返済予定表と残高証明書を照らしあわせ、支払いが遅れていないかを確認した。

「じゃああと、それぞれすみませんが、こちらの委任状に住所・氏名を書いてもらえますか？」

「委任状？」

真っ先に驚きの声をあげたのは母親だった。

「一樹、どういうこと？　委任状書かなきゃいけないなんて聞いてないわよ。そんなもの書かされるんだったら、私は絶対保証人になんかならないからね」

委任状と聞いて動揺した母親にあわてて羽柴さんが説明をした。

「大丈夫ですよ。お母さんが言っているのは白紙委任状のことですよ。ナルシンさんの委任状には、何を委任するかがきちんと書いていますので。見てください。委任するのはお役所関係の納税証明書を取るだけなんですから。これを書いたからって、他には何もできないんですよ」

羽柴さんの説明を聞いて幾分納得したようだったが、それでもまだ表情は険しく、おそるおそる委任状を書き始めた。三人に委任状を書いてもらうと、やっと申込が終了した。申込書を書いてもらうだけなのにこんなに時間がかかるとは思いもしなかった。

❖四方八方から担保の写真を撮っておくんや

申込が終わると、岡田先輩はカメラを取りだし、物件調査に乗り出した。

「いいか、まずは四方八方から撮って、物件の全体的な様子をカメラに収めるんや。その時に、母屋や別棟、物置や駐車場とか付属の建物も含めて、登記簿謄本に登記されていない建物がないかどうか、増改築していないかどうかを確認したり、隣地の境界がはっきりしているかどうか、それから周囲の環境や接面状況などを調べるんや」

岡田先輩は念入りに物件を見てまわった。あとで問題が起きないようにするために、登記簿謄本に記載されている内容と現在の物件が間違いなく合致しているかを確認するのだ。

「あとで何か問題があった時に、損するのはうちなんやからな。プロの不動産鑑定士だろうが、お役所のお墨つきの資料だろうが、信用しちゃいけないんや。まずは疑ってかかること。自分で確認したものしか信じないこと。それが金融業の基本なんやで」

金融業が堅い仕事といわれるのがわかるような気がした。お金を貸すということは、リスクを負うこと。それを見極めるのが仕事なのだ。

「じゃあ、岡田さん、私は他のお客さんのところに行くんで、あとお願いします」

といって羽柴さんと別れた。

「よし、まず法務局行って、それからめし食ったあと、市役所に行って、駅前の不動産屋まわってってな段取りで行こうか」

❖法務局で不動産の権利関係をしっかり調べるんや

法務局は市内中心部から外れたへんぴな場所にあったが、人がいっぱいいるのに驚いた。

「法務局に来るのは、金融業者だとか不動産業者、あとは司法書士だとか弁護士だとか、まあ一般の人は少ないわな」

不動産をめぐる人間の悲喜劇はきっとこの法務局からはじまっているのだろう。

「それでまず、謄本取る前に先に閲覧するんや。もし新たに抵当でもついてたら、どうせ融資できなくなりムダになるかもしれんからな。チェックが終わって問題がなければ、公図と建物図面、地積測量図も閲覧するんや」

申請用紙を出してしばらくすると「岡田さん」と呼ばれて、机が並べられている閲覧ルームに行った。部屋に入ると誰もが必死に謄本をめくっていた。待っていると土地建物の謄本がきた。岡田先輩はぱっとめくって村上一樹の自宅をチェックし、新たに抵当権がついていないか、差し押さえが入っていないかをチェックした。謄本に問題ないとわかると公図と地積測量図、建物図面を閲覧した。「公図」というのをはじめて見たが、巨大な透明の図面だった。公図は線が引かれて区画割りされ、そこに地番が振ってあった。土地の形状を見るのに便利な図なのだそうだ。

「公の図といいながら、現況と違ってる場合もあるんや。だからきちんと確かめなきゃあかんで」

公の図なのに確認しなければならないなんて面倒だな。公図のコピーが終わると、建物図面と地積測量図を探した。

「なんや、建物図面はあるけど、地積測量図がないやんけ」

「建物図面や地積測量図がない場合もあるんですか？」

「古い物件だとない可能性があるや。まあなくても問題になるようなことは少ないけどな」

建物図面のコピーを終えると、再び岡田先輩は土地謄本と建物謄本を閲覧した。

「岡田先輩、もう謄本の閲覧は終わったんじゃないんですか？」

「あとな、隣接する土地の権利関係を閲覧するんや。隣地も申込人が持っている可能性もあるからな。ついでに、隣地を所有している人を公図にメモっておくんや。それによって対象物件の特定にもつながる。物件調査の時に、隣の家の表札も確認しておいたんや。その間にあるのがこの物件だと確認するためにも必要なんや」

「いろいろ大変なんですね。それにしても、登記簿謄本の閲覧や取得って、不動産を持っている本人でなくてもできるってことですよね」

「そういうことや。だから媒介業者は、謄本を閲覧して借金している人を探し出してＤＭ送ったり電話掛けたりするんや。みてみい。あそこにいる人、片っ端から謄本閲覧してるやろ。ああいう輩はきっと名簿屋かなんかやで」

社会にはいろんな裏があるもんだ。自分が知らないということは騙されても文句は言えないということなのかもしれない。自分で勉強して、自衛しないと簡単に騙されてしまうなと思った。

❖役人のいうことをまともに聞いたらあかんで

閲覧が終わると、土地と建物の謄本を取得した。謄本をもらって法務局を出ると、近くの食堂で昼食をとり、今度は市役所へと向かった。

「まず固定資産課にいって、所有物件すべての固定資産評価証明書の最新年度分をもらうんや。ここでポイントはな、この人が持っているすべての物件の証明書を欲しいというんや。そうすればお客さんがここ以外にも不動産を持ってるかがわかるんや」

なるほど。こんな風にしてお客さんのことを調べあげていくのか。大金を貸すからには、このぐらいのことをしなければやってられないのだろう。所有物件すべてと申請書に書き、委任状と申請書を持って窓口に出すと、すぐに呼びとめられた。

「あの、八木さん。評価証明書を出す物件の地番を書いてもらわないと困るんですけど」

「とりあえず自宅しか地番はわからないんですけど、それでいいですか？」

「じゃあ、自宅の評価証明書しか出せませんけどいいですね？」

それを聞いた岡田先輩は窓口に向かって喧嘩ごしに怒鳴り散らした。

「なんでや？　所有物件のすべてをなんで出せんのや」

「あのー、そのー、対象物件の地番がわかるものしか出せないんですよ」

「そんなアホなわけあるか？　コンピュータで名前叩けば全所有物件出てくるやろ」

「それはそうなんですけど、申請書に依頼したものしか出せないのが原則となっていまして
……」

「わけわからんこと言ってないで、はよコンピュータ叩いて評価証明書出さんかい！」

「コンピュータを叩けばおっしゃる通り、全所有物件は出ますが、きちんと申請していただかないと。まして御本人様じゃありませんし」

「委任状があって、ここに全所有物件の固定資産評価証明書を委任しますと書いてあるやろ」

「いや、でも、その……この委任状、実印押してあるわけではないようですし……」

「おまえ、この窓口、何年やっとるんや。おまえじゃ話にならんから、上司呼んでこい！」

「いえ、その、あの……」

「上司呼ばれたくなかったら、はよ出さんかい。うちはここでこの委任状で何度も評価証明書を取得してるんや。これ以上バカなこと抜かすと、うちの仕事を妨害したいうことで訴えるで」

「わ、わかりました」

なんということだろう。この光景は。評価証明書出すのにここまでやるのか……。

「八木君も一人で書類取るようになったら、お役人に負けたらあかんで。取れるもん、取って

こなかったら、書類不足で審査にかけられんのやからな」

しばらくすると評価証明書ができあがったので呼ばれた。「他に所有物件は自宅以外にはありませんでした」とさっきの窓口の人がおずおずと言った。

❖税金の滞納があったら、融資の命取りやで

今度は固定資産税の納税証明書を取りに納税課に行った。

「納税証明書を取る目的はちゃんと税金を払ってるか、もし払ってないならいくら払ってないかを調べるんや。だからもし未納があったらきちんとその金額を聞いておかなきゃいかんのや」

窓口に行くと、岡田先輩は委任状を差し出して、こう言った。

「最終完納年度から証明書を出してくれますか。未納があったら未納額も出してくれる?」

一体どういう意味なのか僕にはわからなかったが、窓口の人はすぐに理解したようだった。

「わかりました。では完納年度から納期未到来も含めた最新年度の納税証明書をお出しすればよろしいですね?」

「納期未到来の未納と、納期到来の未納と分けて出ますよね」

「ええ、大丈夫です。未納があった場合は、納付書も作成した方がよろしいですか?」

「そうしてくれると助かるわ」

一体僕には何を話してるのかがさっぱりわからなかった。ただ、さっきの窓口とはまったく対応が違うことだけは明らかだった。

「今回の人は対応いいですね」

「うちらが何の目的で何を知りたいか、すぐぱっと理解したからやろ。未納額を知りたいっていうのは不動産に国から差押えされるのが恐いっていうことやろ。そんなの気にするのは金融屋か不動産屋ぐらいなもんや。だからどんな証明書が欲しいかわかるんやな」

そんな話をしているうちに窓口の人は瞬く間に納税証明書を持ってきた。

「ええ、去年まで未納はなしですので、完納年度分として昨年のを一通。それから今年の分は、第一期が納付されてまして、第二期がまだ支払われておりません。第三期、第四期については納期限未到来の未納となっております。第三期の納付期限が来週までになっておりますので、納付書を第二期と第三期分出してきました」

なぜ窓口の対応がこんなにも良いのか、その理由を岡田先輩に聞いてみた。

「納税課としては税金の未払いが減れば、いちいち納付書を送ったりする事務処理は減るし、未納分が回収できれば、役所の収入が増えるってことやろ。もしうちが融資すれば税金の未納は必ず支払うから、納税課にとってはいいお客さんということになるんや」

「なんで融資の時に税金払わなきゃいけないんですか?」

「税金っていうのはな、どんな債務にも優先して支払い義務があるんや。うちが不動産担保で抵当権設定しても、税金が滞納してたら役所の支払いが優先するし、不動産を差押えられてしまう可能性もあるんや。だから融資時点で客の納税状況をきちんと把握しておかなきゃあかんのや」

固定資産が終わると今度は住民税納税課と国民健康保険税納付係に行くことになった。

「母親は勤めてないから住民税と国保両方取らなきゃあかん。で、借入人の一樹は勤め人で住民税も天引きされていたし、社会保険だから両方いらん。弟はフリーターで所得税は引かれていたけど、住民税は引かれていないから住民税納税証明書をとらなきゃあかん。社会保険でないから国保の納付証明も取らなきゃいかんのや」

「面倒くさいんですね」

「当たり前や。赤の他人に八百万円もの大金融資するんやからな。調べられることはみっちり調べておかんと後で大変なことになる。特に税金は気をつけなきゃあかんで」

住民税、国民健康保険料に未納はなく、きちんと支払われていた。

❖「チョッキ」ってのは金融用語じゃないんや

これで書類集めは終わった。駅に戻ると、駅前の不動産屋に何軒か聞き込みをした。現在の不動産相場や市場はどうなっているか、生の情報を仕入れるためだ。物件の大まかな概要を伝えると、このあたりは坪いくらぐらいかを教えてくれる。最近、この付近で取引事例があったかどうかなども聞いてメモし、それを調査書として審査に提出するのだ。五社まわって、いろいろ聞けたのでこれで終わりにした。時刻は午後六時半をまわっていた。

「もうこの辺で帰ろうか」

岡田先輩のその一言が出た時、ほっとした。岡田先輩にひっついて何もやっていないのに、はじめての出張はやけに疲れた。新幹線に乗ると岡田先輩は缶ビールを二本買って、僕にくれた。

「いいんですか？　仕事中ですけど」

「何、かたいこと言ってるんや。今日の仕事はもうこれで終わりや。東京に着いたら、チョッキの連絡を店長にしておけばいいんやないか」

「チョッキ？　って何ですか。特殊な不動産用語か何かですか？」

「あっはっは。八木君、おもしろいこというな。チョッキっていうのは会社に立ち寄らず直接家に帰ることをいうんやで。略して直帰っていうんや」

「へえ、そんな用語があるんですね」

「出張して、会社に戻らず直帰する。その帰りがてらに新幹線の中で一杯ひっかける。みてみい？まわりのサラリーマン、みんなそうやろ」

そういわれてみれば確かにそうだ。ネクタイゆるめて、缶ビール片手に、週刊誌やら夕刊やらを眺めている出張帰りのサラリーマンばかりだった。中には仕事の書類を広げている人もちらほらいたが、そんな人たちでも、ほぼ間違いなくビールを飲みながらであった。

「今日は疲れたやろ。はじめての出張だし、それにはじめてお客さんを目の当たりにしたんだからな。明日遅れずにこいよ」

と岡田先輩と東京駅で別れた。新幹線で飲んだたった一本のビールの酔いが、岡田先輩と別れた途端、ぐっと回ってきた。

❖朝礼で怒鳴るだけじゃ営業成績はあがらんのや

朝、出社すると、店長は本部の部長と電話しているようで、最近の店の営業不振のためにぼろくそに怒られていたようだった。店長は電話口で平謝りするばかり。それを見ていた営業兼回収（取り立て）担当の清原さんと、店長と犬猿の仲である蓑田主任がニヤニヤ話をしていた。

「ありゃ、そろそろ総務かどっかに左遷決定だろ」

「いやいや、首切りじゃないっすか」

「これでまた今日の朝礼、誰かいけにえになるな」

「そういえば、岡田君はどうした？」

「いえ、まだみたいですけど」

「まずいなあ、こんな日に遅刻でもしたら、ひょっとこの絶好の的になっちまうぞ。八木君、起きてるかどうか岡田君に電話掛けてやれ」

「あ、は、はい」

「それよりまたひょっとこVSゾウリムシのアホ対決が見たかったなあ」

「八木君、ゾウリムシって誰だかわかるか？」

うすうすは感づいていたが、新人の僕の口から名前を言うのははばかれた。

「営業兼経理の野村さんだよ。ほらなんか似てるだろう、ゾウリムシに。のべーっとしてて、冴《さ》えなさそうで、地面ばっか這いつくばってるような感じで」

「ええ、まあ……」

店長の機嫌のすこぶる悪い時に岡田先輩が遅刻してきたので、今日のターゲットは野村さんではなく岡田先輩になってしまった。五分遅れただけで、店の営業成績が悪いのはすべて岡田先輩のせいだといわんばかりに、店長は怒鳴りちらした。岡田先輩は「最近は俺も大人になったんやで」と言うだけあって、店長の理不尽な言葉に何も言い返さなかったが。

こうして毎年最下位の東京店は、いつも店長の怒りの朝礼ではじまるのだった。自分に火の粉さえとんでこなければ、清原さんや蓑田主任のいうように、おもしろおかしく見れないこともなかった。店長の理不尽な怒りと、上司といえど遠慮することなく真っ向から対決する社員たち。しかしいつまでもこんなんじゃ、店の成績は上がらないだろうなと思った。

❖不動産鑑定士にも調査を依頼するんや

「今日は村上一樹の決裁をとる準備をするからな。まず、不動産鑑定士に鑑定を依頼するんや」

「昨日、不動産屋に聞き込みして調査しましたけど、鑑定会社にも依頼するんですか？」

「そうや。そうやって二重のチェックをするんや。念には念を入れて調査しないとな」

鑑定を依頼するには店長の許可を必要とする。融資ができれば鑑定費用をお客さんから徴収できるが、もし融資できなかった場合はうち負担になってしまうからだ。店長はざっと村上一樹の案件をみてこれなら大丈夫だということで鑑定依頼を許可してくれた。

「岡田君、とにかく、なんとしてでもこの案件、今月突っ込んで！　今のところ確実にいける案件がまだ三件しかないんだよ。月の半ばだっていうのに。あと七件どうするか……。今期の出足につまずくと部長に何言われるかわかったもんじゃない。岡田君、頼むよ！」

（まったく相変わらずむちゃくちゃいいおるわ。今から審査出したら今月突っ込めるのは難しいことぐらいわかるやろ）と岡田先輩は席に戻ってくると、独り言のようにつぶやいた。

「岡田君！　なんか言った?!」

「いえ、何も。さあ仕事するぞう」

「岡田君、鑑定依頼ＯＫしたけど、信用情報を取ってからだからね！　八木君にも使い方を教えておいて！」

❖どこでいくら借りてるか一発でわかるんや

というわけで、岡田先輩に連れられて、事務所の片隅にある一台の端末に向かった。

「これが信用情報を取得するコンピュータや。ここに申込人の名前と生年月日を入力すると、どこでいくら金借りてるかが一発でわかるんや」

なんだか本当にマンガみたいな世界だ。

「いいか、この端末で興味本位に友達のとか、芸能人のを調べたりとかしたら絶対にだめだぞ。もしばれたら信用情報端末の使用禁止になったりするんやで。そうなったらうちらは審査できなくなってしまうからな。よし、じゃあ昨日申込した一樹と弟と母親の信用情報を取得するで」

「申込したらその人の信用情報をとってもいいことになるんですか?」

「そうや。うちの申込書よーくみてみん。ここにほら、小さな文字で書いてあるやろ。この中込書に記入した当人は、信用情報の照会と登録することに同意しますって。この中込書は信用情報への照会同意書も兼ねてるわけや」

「なるほど、そういう仕組みになってるんですね」

「で、取得するのは三種類や。サラ金業界・クレジット業界・銀行業界の三業界の情報がわかる。ただしどこからいくら借りてるかっていう正常債権の情報は同業のサラ金業界のみや」

「え、カードでいくら借りてるとか、銀行からいくら借りてるとかわからないんですか?」

「そうや。同じ金貸しなのに、業界意識が強すぎるんやな。違う業界でお互い協力し合って、健全な融資しようという考えがないんや。日本の社会っていうのはな、すごくオープンなようで、実はまだまだ閉鎖的なんや。大きな目的のためには小意を捨てて団結する。そういった意識がないんや。自分のところだけよければそれでいい。そんなバカな意識が意外に根強いんや」

村上一樹のまずサラ金情報を取得すると、出るわ出るわ、サラ金六社から合計二百十万円の借入が出てきた。次にクレジットカード業界の情報をとるとブラック情報が出てきた。

「これが問題になってこの案件がとまってしまったんや。つい三ヵ月前に六十万円の延滞事故やな。まだ返してないんや。相当な遅れなんやろうな」

「サラ金は延滞事故とか出てませんでしたね」

「それはサラ金の方が取り立てが厳しいからや。サラ金は一日でも返済期日を怠ったらすぐに電話かけてくる。しかもきつい口調でな。でもカードなんて返済少し遅れたぐらいじゃ、電話してこないんや。『ご返済をお忘れではないですか?』みたいな温和な手紙が二週間ぐらい遅れでくるぐらいやろ。一ヵ月ぐらい遅れると、電話掛かってくるかもしれんけど生ぬるい督促なんや」

「サラ金とクレジットカードではそんなに取り立て方が違うんですね」

「所詮、カード会社なんて大手銀行の手先か、大手流通企業の手先やろ。金貸しとしての危機意識に欠けるんや。いざとなったら親会社が助けてくれるだろうし。だから取り立ても甘くなるんや」

「なるほど」

「でもうちらは違う。貸した金が返ってこなかったらうちらが潰れるんや。サラ金潰れても公的資金なんて投入されないやろ。だから必死になって返さない客には取り立てするんや。客だって厳しい取り立てする方と生ぬるい取り立てする方と、どっちを優先して支払うかいうたら、厳しい方から返すに決まってるからな」

「だからサラ金はブラックになってないけど、クレジットはブラックになってるんですね」

「そういうことや。八木君、いいか。金貸すときも返してもらうときも、会社の金だと思って仕事してちゃあかん。自分の金だと思って仕事するんや。そしたら貸すのも返してもらうのも必然的に真剣になるやろ」」

母親と弟はサラ金・クレジットカード・銀行とも借り入れ・事故はまったくなかった。

「これはいいかもしれんな。もし弟もサラ金からぎょうさん借りてたら返済能力面でこの案件、厳しくなるなあと思ったけど、一件もないなんて優秀やな。見通しついてきたな。八木君、この案件、はじめから終わりまでよく見ておけよ。そしたら一人でも融資できるようになるからな」

❖なんでサラ金なんかに入ろうと思ったんや

岡田先輩と昼食を食べた後、「ちょっとコーヒーでも飲んでいこうか？」と喫茶店に入った。

「ところで八木君、なんでサラ金なんかに入ろうと思ったんや？」

「いえ、その、あの……、この業界は将来性と成長性があり、会社の成長とともに自分も成長できると思いまして……」

「がっはっは。何、言うてるんや。就職活動の面接と違うんやから、とってつけたような志望動機いわなくてもええんや。ほんまのところはどうなんや？　他がだめだったのか？　それとも給料がいいからか？」

見事に読まれている。確かに岡田先輩の言う通り。他の会社がだめたったのと、あとは給料が良かったからだ。

「俺もな、ほんとはサラ金なんか入るつもりはなかったんやけどな。銀行が第一志望やったんや」

「なんで銀行を志望してたんですか？」

「いまな、ニッポンは不景気やろ。それはな、金がうまいことまわってないからや。金は天下のまわりものやろ。景気っていうのは、一言でいうたら貨幣の回転速度なんや。金がまわれば景気はよくなる。それがどこかでつまってしまっているから、不景気になったんや」

岡田先輩はそんなことまで考えていたのか。

「俺の力で金をまわしてやって、世の中を活気あふれるようにしたいと思ったんや。だからこそ貸し渋りしてる銀行に入って、俺がばんばん金貸してやろうと思ったんや」

この人はいろんなことを考えてるんだな。僕なんか働くことをそんなに前向きに考えたことなんて一度もなかった。ただ楽して金がもらえればいいとしか考えていなかった。

「八木君はなんか夢あるか？」

何か答えなければと思いつつも、何の言葉も発することができなかった。

「一生、サラ金で、借金の片棒担ぎするつもりはないやろ？」

「ええ、まあ……」

「今、うちらが金を貸してるのは、ほとんどが借金のとりまとめだろう。ようは死に金融資なんや。貸した金を有意義に使って前向きなことに使おうっていう融資じゃなく、借金してどうにも首がまわらなくなってしまったから、安い金利でまとめませんかっていうのがうちらの仕事やろ」

「そうですね」

「俺はな、どうせ金貸すなら死に金じゃなくって、生き金に融資したいんや。自分でその企業の将来性を見抜いて、ここは伸びるぞっていうところに資金をまわしていく。そんな仕事をしたいなと思ってるんや。いつまでもこんなところで借金の片棒担ぎしてるわけにはいかんと思って」

「そうですね」

「でもな、今の仕事もおもしろい。社会勉強にもなるしな。だからまず死に金融資だろうがなんだろうが、東京一の金融マンになるんや。ナルシンの岡田っていったら、その業界の人は誰でも知ってるみたいな、そんな営業マンやな」

「すごいですね」

「どうや、八木君も一緒に東京一の金融マンめざそうや。それでナンバーワンになったら、今度はベンチャー融資をやる。どうや？」

「あ、は、はい！」

なんだか大きなスケールの話だけど「東京一の金融マン」という言葉の響きは悪くない。でも僕はまだサラ金の仕事を覚えることで精一杯で、とてもそこまで考えが回りそうもなかった。

❖人・物・金についてまとめて稟議書に書くんや

午後は、岡田先輩と一緒に昨日集めてきた村上一樹の書類を整理し、審査に稟議をかける決裁申請書を作成した。八百万円もの融資となると膨大な書類になった。三人の申込書、土地建物の登記簿謄本、公図、建物図面、第一順位の残高証明書と返済予定表、第二順位の残高証明書と返済予定表、第三順位の契約書控え、固定資産評価証明書、固定資産税納税証明書、その他の税金の納税証明書、母親の年金受給書、一樹と弟の源泉徴収票と給与明細書、三人の信用情報照会票、カメラで撮った物件写真、不動産屋聞き込み調査書。ほんと徹底した調査だ。金融会社というより探偵会社のようだ。

「最後に稟議書や。いろいろ書きたいことはあるやろうけど、長ったらしく詳しく書いても読んでくれん。要点まとめて箇条書きにして作らなきゃあかんよ」

とはいうものの稟議書はＡ４の紙二枚にびっしり文字が書かれていた。物件の説明、謄本履歴の説明、資金使途、返済能力、クレジットカードの事故歴についてなどが書かれていた。

「基本は、人・物・金や。この三つについて調べてきたこと、聞いてきたことをもとに、金を貸してもきっちり回収できるかどうかが審査に伝わればいいんや」

岡田先輩は早速店長のところに稟議書を持っていった。あのうるさい店長のことだ。いろいろと細かいことというのだろうと思ったら、意外や意外、ろくに書類も見ず、すぐハンコを押した。

「何としても今月に突っ込みたいからな。とりあえず審査に送っておいて」

店長はご機嫌のようだ。とにかく今月にいけそうなメドがたつ案件だと考えたからだろうか。

3　借り換え融資は現生取引なんや

❖銀行の根抵当を抹消して掛け目を下げるんや

「岡田君、村上一樹の件で！」

店長からしゃくりあげられるように呼ばれると、岡田先輩と僕はすっとんで行った。

「審査からの回答だけど、大手銀行の根抵当権一千万円残高二百万円を抹消し、二番で一千万円の融資にすること。どう、岡田君、大丈夫そう？」

「どうにかなると思いますよ」

「そうか、なんとか今月中に突っ込みたいんだけど、どうかな？」

「抹消は問題ないと思いますが、ギリギリってとこじゃないですか」

「すぐ審査に回答して、なんとか今月中につっこむように」

席につくと岡田先輩は僕に小声で言った。

「まったく、なんだ、あの店長。自分の保身しか考えてへんな。半年トータルで営業成績が決まるんやから、無理して今月やらなくてもなんの問題もあらへん。三月までの成績悪かったから、今月の成績でなんとか挽回したとこ、部長に見せてやろうと必死なんや」

店長ともなると大変なんだな。部長の顔色うかがって、部下には無理難題を押しつけて……。

「岡田先輩、審査からの回答で、一番大手銀行の根抵当権一千万円残高二百万円を抹消し、二番で一千万円の融資にするっていうのはどういうことですか？」

「今うちらが希望したのは三番で八百万円の融資やった。すると一番根抵当で一千万、二番は抵当権やから残で二百八十万、そんでうちが八百万。担保評価三千二百万円に対して債務の割合は一千＋二百八十＋八百で、約六十五％いうわけや。ところが、一番の根抵当の残額二百万円をうちが融資して抹消してみん。すると一番が抵当権残二百八十万円のうちが二番で一千万円。掛け目でいうと四十％になるんや。これだけ掛け目下がったら、うちの安全性はぐっとよくなるで」

「じゃあ、なぜはじめからそう申請しなかったんですか？」

「いい質問や。確かにうちにとったらはじめからそうした方がいいに決まってる。でもな、考えてみん。一番の大手銀行、利息何％で貸してると思う？　たったの五％やで。それがうちで借りてみん。その三〜四倍になるんや。しかもうちの借金が一千万円越えるとなると、そりゃ客はひくで。だからな、はじめからは申請しなかったんや」

「でもこれをしないと融資できないんですよね」

「『本社から融資ＯＫになりましたが、一番の返済が条件です』っていえば、客も金欲しさにうんといいやすくなるやろ。それをはじめから銀行の金を返して、一千万円にしませんかっていうたら、客は敬遠するで。この辺の駆け引きも重要なんや」

岡田先輩はトウアンの羽柴さんに電話し、一番抹消の条件を話した。羽柴さんからうまく村上一樹に話をしてもらったようで、すぐにそれでもいいという返事がきた。店長に伝えると、審査からすぐに一千万円、十五年払い十八％の決裁が下りた。

❖銀行が書類を渋り、町金がすんなりと書類を出してくれるのが現実なんや

これですぐ融資できるかと思いきや、羽柴さんから電話が掛かってきた。

「岡田さん、融資するのにまたちょっとした問題があるんですが……。一番で根抵当権を設定している大手銀行が、抹消書類を用意できるのが二週間後とか言ってるんですよ」

「二週間後?!　そりゃまたなめたこと言うてますね。契約書にはなんて書いてあるんですか？」

「抹消書類は五営業日内には発行すると書いてあるのに、ぐだぐた言ってるんですよ。それでお願いなんですけど、岡田さんから抹消書類早く用意するように言ってもらえます？」

「わかりました。ところで三番の地元町金の抹消は問題ないですよね？」

「銀行なんかより町金の方が話が早いですよ。金さえもってくればすぐに用意しますって」

大手銀行が書類を渋り、町金がすんなりと書類を出してくれる。一体どうなっているんだか。

岡田先輩は早速、大手銀行の担当者に電話を掛けた。その時の交渉態度は、市役所でちんたらしている納税課から書類を出させる時と同じ、怒り心頭モードだ。

「八木君な、役所から書類をなんとか出させる時も、また今後、営業だけじゃなく取り立ても

やるようになると思うけど、その場その場に応じて役作りせなあかんで」

「役作り?!」

「そうや。取り立てする時は、有無を言わさず金を返させる非情な取り立て屋に、なんとか客をくどいて融資する条件をのませる時には、たらしこみ屋に。場面に応じてその役になりきるんや」

そして岡田先輩は完全に怒り心頭モードに突入したようだ。

「われ、何ねむいこというてるんや！　抹消書類遅れて、融資ぶっつぶれたらどない責任取るつもりなんや？　あんた腹くくる気あって言うてるんかい」

「ガタガタ抜かさんとはよ書類用意せんかい！　おたくらの下には地元悪徳町金の抵当がついてるんやで。この返済が遅れれば、占有されてあんたらの債権、回収不能になるんや」

「契約書には五営業日以内って書いてあるやろ。目ひんむいて契約書読まんかい！　これ以上妨害するようなら、監督官庁に訴えるで」

岡田先輩の電話口の脅し文句で、羽柴さんが交渉して二週間といわれた抹消書類が、三日後に出ることになった。もし岡田先輩が言いなりになっていれば、二週間も融資を先伸ばしされていたと思うとぞっとする。融資が遅れれば、サラ金やら地元町金やらの返済が遅れ、どんどん延滞利息がかさみ、融資できるような状態ではなくなってしまうこともあるのだ。

こうして村上一樹の融資は、あさって三人と契約し、次の日に融資することになった。

❖担保に設定される額は一・六倍なんや

村上一樹の契約のため、岡田先輩とともに再び静岡に向かう。駅でトウアンの羽柴さんと待ち合わせし、家に向かった。一樹、母、弟と三人がそろって待っていた。さすがに一千万円もの借金の契約とあってか、緊張しているようだった。申込とは違って、実印も押してもらい、印鑑証明書も添付する正式な契約なのだから。まず岡田先輩は金銭消費貸借契約書を説明した。

「融資金一千万円、根抵当権設定の極度額が一千六百万円、返済期間十五年、年利十八％、遅延損害金利率二十九％。主債務者村上一樹、連帯保証人二名、支払い方法は元利均等毎月払い、毎月十五日返済、銀行振込または支店へ持参。返済予定表は別紙参照のこと。ということで、それぞれ自筆で住所とお名前を書いてください。書き終えたら実印お願いします」

しかし、母親だけがどうにも書こうとしない。

「ちょっと、一樹、うちらが借りるのは一千万じゃなかったのかい？」

「そうだよ。ここに一千万円とでかでかと書いてだろう」

「じゃあ、なんだね、この根抵当権一千六百万円というのは」

「これは、枠で一千六百万円つくっておくというだけで、実際に借りるのは一千万円でしかないので、安心してもらっていいですよ。お母さん」

と羽柴さんが説明したが、「どうして枠なんか作る必要あるんですか。私は一千万円以上は絶対に借りないですよ。必要ないじゃないですか」と母親は猛反発した。

融資ができなくなってしまうのではと誰もが不安になった時、岡田先輩が口を開いた。

「お母さん、これはねえ、一千万円借りる場合の抵当権設定額なんですよ。万が一、融資してお金を返せなくなった場合は、担保の不動産を売りに出します。その場合、売れるまでの間、返済がなければ遅延金がかかります。当社の遅延金利率は約三十％。もし最大二年間不動産が売れなかったことを考えて、一千万円に対して二年分の遅延損害金六百万円をプラスして、根抵当権を一千六百万円で設定しているんです。だからお母さんの心配するように、枠があるとはいえ、これ以上は絶対にうちは融資できません」

しかし母親はまだ半信半疑のようだ。

「融資をする時点できちんと遅延損害金の分まで不動産の方で抵当権として保証しておけば、万が一払えなくなった時でも、不動産を売るだけで済むようになってるんです。もし一千万円だけだったら、お母さんや弟さんに無担保で遅延損害金分を支払ってもらわなくてはなりません。でもそうなったら困るでしょう？　そのために根抵当権を設定しておいてあるのです」

岡田先輩の真摯な説明でやっと母親は納得したようだった。

❖一度でも返済遅れた時点で全額返済っていうのが立て前や

金銭消費貸借契約書のあとは、根抵当権設定委任状、根抵当権設定契約書、公正証書作成委任状を書いてもらった。なんだかいっぱい書類があって何が何だかわからないうちに、村上一家は契約書に名前を書き、実印を押していった。もしこの中に客を騙して儲けようとする悪意的な書類を混ぜこんでもきっとわからないだろうなと思った。契約書の控えを渡すと、細かい字で書かれた契約書の裏面を出し、岡田先輩は一樹に向かって説明していった。

「重要なところだけかいつまんで説明しますので。まず一番大事なところなんですが、第八条、期限の利益の喪失。ここに書いてあることを簡単に説明しますと、一度でも支払いが遅れますと、期限の利益を喪失したことになり、即、一括で全額返済してくださいと書かれています」

「へえええええ！！！　一回でも遅れたら全額返済?!　そんなの無理ですよ」

一樹は顔面蒼白になっていた。もうサインしてしまった後だからなおのことだろう。

「最後まで聞いてください。契約書の裏面にはそう書いてありますが、実際は一樹さんの言うようにそんなことは無理です。ただこれだけ返済日を守ることは重要だということです。だからくれぐれも返済日は守ってください。万が一、返済日が遅れてしまう場合は必ず連絡ください」

「わ、わかりました」

「もう俺はいいですよね」

さっさと終わらせたい弟が言った。

「あ、ちょっと待ってください。すいませんが、この申込書の希望金額八百万円を、一千万円に訂正していただけますか。一樹さんもお母さんもお願いします」

「契約書に一千万円と書かれているんですから、申込書の金額をわざわざ訂正しなくてもいいんじゃないですか？」

「これは過剰融資防止のための措置なんです。今、サラ金で問題になっているのは、お金を返せる見込みのないお客さんに過剰に貸し付けて、後であの手この手を使って取り立てすることなんです。うちは担保を取るために融資しているんじゃなく、お金を貸して返してもらう利子で収入を得る会社です。お客さんの希望金額以上に勝手に過剰に融資したわけではないという証拠となるものですので、申込書にも正しく金額を記入していただかないと困るんです」

なるほど、それで申込書の希望金額を自筆で訂正させるのか。昔のサラ金騒動以来、貸す側に規制や法律が定められたので神経質になっているのだろう。株式上場を控えているので、この時期に問題やトラブルを起こしたくないのだ。

「へえ、ナルシンさんはサラ金といえどもしっかりしてるんですね。他のサラ金で借りたときなんか、そんなの適当で、なんでもいいからすぐ契約しろって感じでしたけど」

「気を付けた方がいいですよ。審査が甘いほどあくどい業者が多いですからね。いいことばかりいって印鑑押させて、よく見たらひどい契約内容だったなんてこともありますからね」

契約書の記入もすべて終わり、申込書の訂正も終わると、母親が岡田先輩に、「きちんと一樹に支払わせますので、今後もなにとぞよろしくお願いします」と何度も頭を下げていたのが印象的だった。これでやっと無事、契約が終わった。

❖多額の現金を持って融資実行するんや

いよいよ翌日、村上一樹の融資実行日がやってきた。あとはお金を渡すだけ、とはいかない。まず先に今、担保設定されている、町金と大手銀行の担保を抹消してからでないと融資ができないのだ。また静岡へと向い、銀行で融資する一千万円を現金で引き出した。

「岡田先輩、現金でこんな大金おろすんですか？　振込とかじゃだめなんですか？」

「ちゃんと担保を抹消してくれる書類がもらえるかどうかわからんだろう。先に金だけ振り込んで、『やっぱり、抹消書類は用意できません』なんて言われたらえらいことや。だからな、現生《なま》と書類をお互いにその場で確認して引き換えにするんや」

「金融の世界ってすごいですね。なんかお互い信用してないというか」

「当たり前やんけ。こんな大金からんでるんやから、騙して金をぶんどろうなんて奴はぎょうさんおるんやからな。前にも言ったと思うけど、騙される奴も悪いんや。金融の世界は性悪説や。最悪のことを考えて、何が起きても自分とこが損しないような方法を取るんや」

一千万円もの現金を引き出すとなると、特殊な手続きがいるのかと思ったら、そんなことはなかった。引き出し依頼書に一千万円と書き、通帳と印鑑を持って窓口に行くだけ。しかも驚いたことに、一千万円は普通に窓口で渡された。一千万円ほどの大金に、僕はそわそわキョロキョロしていたが、岡田先輩は落ち着いていた。

銀行からお金を引き出すと、羽柴さんが村上一樹を乗せて車で迎えにきてくれた。その車で、地元町金の返済に向かった。町金業者の事務所は一軒家だった。抵当権は会社名ではなく個人で設定されているからなのだろうか。そこで司法書士の山本先生と待ち合わせをしていた。

村上一樹が「大丈夫ですかねえ」と不安そうにおそるおそるチャイムを鳴らした。何をそんなに恐がっているのだろうと思ったら、人がでてきてその理由がわかった。

（うへー、やくざだ！）

本物かどうかはわからないが、その姿はいかにもやくざといった感じだった。

「村上さん、よう来ましたね。いつ金返してくれるか、心配で心配で。今日は本当に全額大丈夫なんでしょうな?」

おお、こわ。こんな案件に関わって変な恨みをかわないだろうかとそわそわしていたが、羽柴さんも岡田先輩も、司法書士の山本先生も落ち着いていた。中に通されるとすでに書類は用意されていた。こんなたちのわるそうな人だから、書類を渋ったりするのかと思ったので意外だった。山本先生に男は書類を渡した。その中には抹消書類だけでなく、家の権利証もあった。権利証も預かられていたのだ。

「これで問題ないと思いますんで確認してもらえますか。ところで現金はどこですか?」

岡田先輩はすぐさま一千万円の中から、ここへの返済用四百三十万円を差し出した。

男は百万円札の束の封を切り、手馴れた様子ですばやく数え始めた。まさかこうして一枚一枚四百三十万円ものお金をその場で確認するとは思わなかった。でも振り込みでないので、この場で自分で確認しなければ、金額が合っているかわからないのだから当然といえば当然なのだ。

どちらも確認が終わると、これで取引が成立したわけだ。男は金の確認が終わると、引き出しの奥からまた別の書類を取り出した。村上一樹との契約書類のようだ。

「村上さん、今お金を返してもらいましたので、もうこれで貸し借りなしですね。この書類は何の意味もありませんので、破棄します」といってびりびり破り始めた。

「これでうちの村上さんとの間には何もなかったということで、よろしくお願いしますね。また何か困ったことあったらいつでも相談しにきてください。悪いようにはしませんので」とニヤニヤ笑いながら、部屋から出ていった。これで無事抹消が一つ終わった。

❖殿様営業の銀行になめられたらあかん

「じゃあ次は銀行ですね。ちょっとあそこも心配なんですけど」

一度抹消書類を用意するのに二週間もかかると言っていたのを三日間にしてもらった経緯があるだけに、羽柴さんは不安そうだった。

大手銀行の支店に、スーツ姿の男が五人もそろって窓口に押しかけると、受付の女の子はさすがに驚いたようで、「どういったご用件でしょうか？」とかぼそい声で答えた。岡田先輩が即座に、「村上さんの抹消の件で、担当の清水さんお願いしたいんやけど」と横柄に言ってみせた。もうここから岡田先輩の「芝居」は始まっているのだろう。今、岡田先輩は、銀行になめられないように、ならず者のサラ金業者の役になりきっているに違いない。

「清水はあいにく、本日、お休みさせていただいているのですが……」

「休み？　何さらしとんじゃ。清水に今日、電話で約束してる件はどないなっとるねん！」

受付の女の子は震えあがりながら奥に座っている上司らしき人に話に行った。その男はいかにも仕方がないから重い腰をあげてっといった感じで、女の子に連れられてきた。

「あのー、すみませんが、どちら様でしょうか？」

「どちら様っておたくはどちら様なんじゃい！　うちは清水に用があるって言ってるやろうが」

岡田先輩の大きな声にも動じた様子はなく、物分かりの悪い人はこれだから困るっといった表情で、胸ポケットからゆっくりと名刺を差し出した。

「大変、失礼いたしました。清水の上司の岩清水と申します。それでそちら様は？」

「ナルシンの岡田や」

「ああ、あのナルシンさんですか。私、知ってますよ。今、急成長の消費者金融業者さんですね。それでナルシンさんがうちにどういったご用件でご足労いただいたのでしょうか？」

「村上一樹さんの完済に来たんや。清水っちゅうもんと今日の十二時に約束しといたんやけどな、どないなっとるか、こっちも急ぐんではよ手続きしてくれるか」

すると岩清水は、「おい！　河野！　清水から話聞いてるか」と大声で怒鳴った。上司の突然の叫び声にあわてて飛んできた河野は「はい、聞いております」と答えた。

「では、この河野が手続きをいたしますので、こちらの応接室の方へどうぞ」と岩清水は案内した。

応接室に通されると、お茶を出されたが、それから一向に誰もこない。五分待ったところで、岡田先輩が応接室から出て、「どないなっとるんや。はよ、せいや！」と怒鳴った。それを聞いて担当の河野はあわてふためきすっとんできて、「すみません、今、用意してますんで」と答えたものの、「なんで今から用意しとるんじゃい！　事前に連絡してるやろうが」と容赦なく問い詰めた。

❖ごねれば銀行もいうことを聞くんや

ただ平謝りの河野はあわてふためいて出ていった。しかしすぐ戻ってきてこう言った。

「すいません、抹消書類の用意があと一時間ほどかかりそうなので……」

「なんで、そない時間かかるんや？　嫌がらせしてんのと違うか？　三十分で用意しろ。でなけりゃ、あんた、市内で歩けんようになるで」

それにびびった河野は、「わかりました。三十分で用意します！」とすっとんでいった。

「おい、まてこら！」

と河野を呼びとめる岡田先輩の声に、ぎょっと振り返ってまた戻ってきた。

「時間もったいないから、書類できるまで、金あずけるから、完済金額確認せいや！」

とバックから二百数十万のお金を出した。「ハイ！」とあわてでまたすっとんでいった。

そんなひと悶着があって十分後に、抹消書類を持って河野がやってきた。

「お待たせしました。なんとか無理言って抹消書類を早くしてもらいました」

「何ぬかしとんじゃ、われ！　はじめっから十二時に約束してるもんが、もう三十分も遅れて、何が早く用意できましただ？　書類遅らせたのは誰や？　上司の岩清水の命令か？」

「いえ、いえ、遅らせたなんてとんでもない……」

「今度、少しでも遅れたら許さんからな。ナルシンの岡田や。よう覚えとけ」

書類が用意されると、山本先生の確認はものの三分もかからなかった。お金も確認され、瞬く間に抹消取引は終わった。

「では、村上さん、これで抹消は終わりましたので、残りのお金は、司法書士から法務局に入れたとの連絡が入り次第になります。駅前の喫茶店に十四時半頃来ていただけますか？」と羽柴さんが岡田先輩に確認しながら村上さんに言った。

「あのー、滞納している他のサラ金の返済とかクレジットカードの返済はどうなるんですか？」

「それはこちらで済ませておきます。振込した控えはその時にお持ちしますので」

「ああ、良かった。今日の十五時までに振り込まないとまた返済する金額が変わってしまうと、あちこちからきつく言われていたので。もうこれですっかり借金は無くなったんですね」

「うちの借金以外はね」と岡田先輩が一言付け加えて一時、解散することになった。

❖町金と裏でつながっているんや

「銀行はともかく、あのやくざみたいな業者の抹消、よくスンナリできましたね」

「あれ？　八木君に言ってなかったけ？　実は羽柴さんとあの町金は裏でつながっているんやで。もともとあの案件は、あの町金から羽柴さんに話がいって、それからうちに来たんや。だからスンナリ返してくれたんや。でなきゃ、うちだけでいってみん？　追い返されるで」

「え！　そうだったんですか？」

「羽柴さんとこは、静岡の町金とパイプがあちこちにあるんや。だから東京にいる羽柴さんとこに、静岡の案件ばかりが入ってくるんや」

「でも、そんなことしたら地元の町金は損しちゃうんじゃないですか？」

「地方の町金業者の資金力なんてしれてるんや。できるだけ短期でまわして短期でもうけて、問題のないうちに次へ次へと新しい客見つけていかんとあかんのや。うちみたいな全国規模の業者になれば、銀行からいくらでも金借りれるから、資金に困ることはないけど、地元の町金は少ない資金でまわしていかなくちゃいけんからなあ。一人のお客さんに長期に貸すわけにはいかんのや。そこで羽柴さんに、どこか借り換えてくれる金融会社を探してもらうんやな」

社会のからくりは恐ろしい。裏でどんなつながりがあるかしれたものではない。客は金融業者の手のひらの上でいいように回されているだけなのだ。

「あとは、地元町金は羽柴さんとこからバックマージンもらえるから二度おいしいんや」

「バックマージン？」

「紹介手数料の二割ぐらいは地元町金にあげるんやないか。地元町金としても、いくらお役所がぐずとはいえ、おおっぴらに違法な手数料取るわけにはいかないやろ。だから羽柴さんとこに一度話をふって、その手数料から金をもらう分には利息の二重取りにはならんから問題もないんや」

「ひょっとしてうちからもバックマージンを払ってるんですか？」

「いや、うちは上場をひかえてるから、それはまずいんや。うちらができるのはせいぜい羽柴さんに一晩フーゾクに連れていって接待するぐらいやな」

「フーゾクで接待なんていいんですか？」

「日本では常識やで。会社の金で飲んで歌って、最後に抜いて、それが接待費いうて会社の経費でおちるんやからな。おかしな社会っちゃおかしいけど、日本では当たり前のことや」

❖客の代わりに他のサラ金を返してしまうんや

そんな話をしていると、岡田先輩の携帯に山本先生から連絡があった。

「八木君、法務局の受付番号出たって。急いで他のサラ金の六社の借金二百十万円と、クレジットカードのキャッシング五十万円を返済してしまわないと、今日付けの返済金額にならないで」

「はい、急ぎましょう。でもなんで僕らが振り込みしないといけないんですか？」

「当たり前やろ。この金、あいつに渡してみん？　誰だって現生もらったら、借りた金にもかかわらず、金持ちになったような錯覚に陥るんや。そうするとな、やっぱ今、サラ金の返済しなくてもいいかって思って、自分の好きなもんに金を使ってしまうかもしれん。そうなったら、サラ金の借金は残るは、うちの借金もあるわで、今後返せなくなるかもわからんやろ。だからな、融資した時に、他の借金はうちからさっぴいて支払ってしまうんや」

とことん人を信用しない。ここまで徹底しているというのはすさまじいな。

「いいか、どんな奴でも金が絡んできたら、何するかわからんで。平気で人を裏切りよるし、平気で人を騙す。金っていうのは人を狂わせる魔力を秘めたものなんや。そんな金をまったく知らない赤の他人に貸そういうのが金融やから、どんな信用できそうな人でも信用したらあかんで」

急いで銀行に行き、サラ金六社とクレジットカード会社一社の返済を済ませた。これであと残りの融資金からうちの手数料を引いて本人に渡せば、やっと融資終了になる。

❖一千万円融資して本人に残るのはたった五万円や

銀行でサラ金の支払いに思わぬ時間がかかり、十四時半の待ち合わせに十五分ほど遅れた。喫茶店に行くと、すでに羽柴さんと村上一樹は店に入ってコーヒーを飲んでいた。

「サラ金の支払い、もう済んでますか？」

「ええ、終わりました。振り込む件数が多いんでちょっと時間が掛かってしまって。今、その振り込んだ控えも渡しますんで」

岡田先輩は融資金の内訳を説明した。

「融資金が一千万円。そこから三番抵当の町金返済が四百三十万円。一番抵当の銀行への返済が二百十万円。サラ金六社とクレジットカードの返済が二百六十万円。借り換え分の合計金額が九百万円になります」

あらためて借金の額の多さに驚かされる。一体どうしたらこんなに借金ができるのだろう？銀行の借金はともかく、サラ金やら地元の町金やらで六百万円以上も借金しているのだから。きっとはじめの一社を借りる時は、ほんの些細なきっかけに過ぎなかったのだろう。それがいつのまにか感覚が麻痺して、雪だるま式に増えていったのか。でもそれにしても多すぎる。この借りた金を何に使ったかなんて、本当のところは本人しかわからないのだろうな。いや、本人でさえ、一体何にこんなにお金を使ったのか忘れてしまっているかもしれない。

「で、残りですが、まずうちの手数料が二％で十五万円。印紙代が二万円。公正証書作成代が三万円、山本司法書士の登記費用が十八万円。不動産鑑定士の鑑定代が七万円。合計四十五万円になりますので、これも融資金から差し引きします。ですので村上さんには残金五十五万円をお渡ししますんで、確認してください」

村上一樹は渡された万札を不器用に数え始め、確認し終えた。

「それから、うちの手数料が融資金の五％になりますので、そこから五十万円いただきますね」

と羽柴さんが間髪入れずに村上一樹に言った。紹介手数料として五十万円が抜かれて、村上一樹のもとに残ったのは五万円だった。

「一千万円融資してもらって、これしか俺には残らないのか……」

村上一樹は五枚の万札を握りしめながら、独り言のようにつぶやいた。

「あのね、村上さん、もともと資金使途はいろんなところで借りている借金を一本化することだったんでしょう？　だから本来、何も手元に残らないのが当たり前なんです。その五万円も無駄に使っちゃだめですよ。これからナルシンさんの支払いが毎月あるんですから」

と羽柴さんはなだめるように言った。

「でも、いろいろ苦労してやっと融資してもらったのに、手元にこれしかないなんて……」

「手元にこれしかないって、それも借金したお金であって、自分で稼いだお金じゃないんですからね。借金をまとめただけで、借金が無くなったわけではないっちゅうことを勘違いせんように。一日でも一度でもうちの支払い遅れたら、即刻担保にしている家を売りにかけますからね」

不服そうな村上一樹だが、いろいろとお世話になりましたといって喫茶店を出ていった。羽柴さんと岡田先輩は「これで今月も一件決めましたね」と握手をして別れた。

4 サラ金で働く社員たち——良識派とさぼり派

❖サラ金はバブルに踊っていない唯一の金融機関だったんや

「早く即戦力になってもらうためにも、岡田君以外の違う先輩社員と同行してもらおう」とひょっとこ店長からお達しが出た。

「俺だけじゃなく、いろんな人のいいところだけ盗んでこいよ」と岡田先輩も声を掛けてくれた。ただそれと同時に「くれぐれも悪いところはマネするなよ」と釘を刺された。

早速、契約に同行することになったのは、東京店の営業成績ナンバー一の真弓主任だ。真弓主任は東京店では数少ない良識派の一人だ。東京店のほとんどの社員はやる気がなく、サボることばかり考えていたが、真弓主任は非常に仕事熱心だった。昨年度後期は一人で一億円を融資した東京店のトップセールスマンなのだ。三十八歳で独身だが、スマートでかっこよく、きっとモテすぎるからいつまでも結婚せずに遊んでいるのだろうと、他の社員からは思われているようだ。次期店長候補として再有力視されている人でもある。がたがた言い訳せず、数字だけで勝負する、仕事人といった感じだ。元エリート銀行マンだった経歴を持つだけはある。

「どう、八木君はあの店長とやっていけそう？」

「他の先輩社員はやりにくいって言ってますけど、僕にはまだ営業のノルマがないせいか、特にやりにくいってことはないです」

「そうだな。八木君は新人だから、なるべく店長の言うことに従った方がいいかもな。時々理不尽なこと言われるかもしれないけど、俺みたいに真っ向から対立しちゃうと、損するからな」

「損？」

「サラリーマン社会っていうのは、この会社に限らず、この店長に限らず、できるだけ直属の上司に好かれないことには出世はできないんだよ。八木君はまだ社会人になったばかりだから、はじめの上司からは絶対に嫌われない方がいいよ」

そういえばそんな話は岡田先輩からも聞いた。周囲は店長の文句ばかり言ってるけど、八木君はそれに同調して一緒に文句を言ってはいけないと。

真弓主任にどうしても前から聞いてみたいことがあった。なぜ銀行を辞めてサラ金に転職したのかということだった。真弓主任のような優秀な人なら銀行にいた方がよかったのではないか。

「バカらしくなったんだよ、銀行の仕事に。俺が辞めたのはバブル絶頂期。イケイケで貸してたよ。貸す企業の内容なんてほとんどみちゃいない。どこでもいいから土地さえあればいくらでも貸した。そんな時に営業成績バンバンあげたけど、なんかそういう貸し方に恐さを感じたんだ。まさかここまで不良債権が問題化するとまでは思わなかったけど、多かれ少なかれあの時代は異常だった。頭下げてぜひお金借りてくださいなんてどう考えたっておかしいだろう？」

「そんなにひどかったんですか？」

「ひどいなんてもんじゃないよ。あんなの営業マンなんていらない。どこにだって貸すんだから。まあ若かったし、所帯も持ってないから、とりあえず辞めて、しばらく沖縄でサーフィンばかりやっていたんだ。で、そろそろまた働くかと思った時に、この会社をみつけたんだ」

「なんでこの会社に？」

「サラ金だからえげつないって言うかもしれないけど、当時バブルに踊っていない数少ない金融会社だった。ちょうどその頃、不動産担保融資もはじめたんだけど、審査はしっかりしていたし。周囲からはバカにされていたけど、バブルが崩壊したらその業績がくっきりと分かれた。まだまだ大企業じゃないから、組織的に問題な点も多いけど、将来性は抜群だなと思ってね」

❖サラ金から借りたことのない人間に貸すのは要注意や

「ところで今日行くお客さんはどんな内容ですか？」

「これからスナックを経営しようっていうおばさんに六百万円貸すんだよ。はっきりいって返済能力はゼロに近い。今まで自営で何かやってきたわけではない四十歳近いおばさんが、いきなりスナック経営をしようっていうんだ。そこからの収入でうちに返済なんてできるはずがない。ただ物件がいい。抵当権は何もついていないからうちが一番抵当だし、都内の物件で掛け目も四十％ぐらい。旦那さんが亡くなって半年たって、自分で何か仕事をしたいと思い、自宅を改装してスナックにしたんだ。改装資金は自分で出しているから、六百万円は当分の運転資金なんだ」

「なんでスナック経営をはじめたんでしょうね。生活のためだったら勤めればいいのに」

「八木君の言う通りだよ。でもね、それが夢なんだってさ。旦那も亡くなってしまったし、それが唯一の生き甲斐ってわけだ。でもきっと裏で糸引いている男が絶対にいるよ。そいつがそそのかしたんだろうな。改装資金とかも援助してんじゃないのかな」

いろいろ突っ込んでいくと、いわくありげな話がひそんでいそうな案件だ。

「だから審査から結構突っ込まれたよ。おかしいんじゃないかって。でもうちとしては回収できればいいんだから、担保の掛け目が低いことと、他に借金がないことで押しきっちゃたんだな」

「借金が何もないのにうちで借りてくれるお客さんなんて珍しいんじゃないですか?」

「そうなんだよ。ただそれはよくもあり悪くもあるんだ。サラ金で一社も借りていない人間が、いきなりうちに六百万円も借りるっていうのも、いくら銀行が貸し渋りしているからって、やっぱりあやしい話だし。ある程度サラ金から借り慣れている方が、取り立ての恐さをわかっているから安心なんだけど。この業界から借りるはじめての客っていうのはあまり良くないんだな」

❖チンピラまるだしの紹介業者でもとても優秀なんや

「それと今日、紹介業者も立ち会うけど、外見みてビビらなくていいから。チンピラみたいだけど、個人でやってる優秀な人ではあるから」

「ビビる?」とは一体どんな人が現れるのか、楽しみでもあり恐くもあった。お客さんの自宅の前には、真弓主任の言う通り、いや予想以上の人が待ち構えていた。たちのわるいチンピラ。町で歩いていたら絶対に目をそらしたくなるタイプ。絶対にかかわりたくないタイプの人間だった。緑の蛍光スーツを来て、エナメルの靴を吐き、腕には何十万、いや何百万するかもしれないブランドの時計をつけ、首からは金のネックレスをはだけたYシャツの胸に垂らしている。目つきは悪く、でかい金縁眼鏡をかけ、髪は短く刈り込んでいる。

「ども！　真弓さん。さっさと契約済ましちゃいましょう。明日には融資できますよね」

店に入ると、真新しいソファーが何個か置かれ、キープ用のボトルもずらりと並べられていて、改装したばかりなのでさすがに設備は申し分なかった。中で待っていたのは三十歳前半ぐらいに見えるような、若々しくなかなかの美人だった。これならこのママ目当てに客が来るかもしれない。借入人の美人ママは水商売に手馴れた感じはなく、ごくまじめそうな印象を受けた。この人はチンピラまるだしの矢内さんを恐くはないのだろうか？　どう考えてもこんな人から融資の誘いを受けたら断りたくもなるだろう。それとも世間知らずなだけなのか。

「今日は池谷さんは来ないんですか？」

「ええ、仕事が忙しいみたいで。明日は一緒に来てくれるみたいですけど」

池谷という男が今回のスナックオープンにかんでいるのだろう。その男が矢内さんを紹介して融資させることにしたのだろう。でなければ一介の女性が、チンピラ風貌の矢内さんに融資を頼むとは思えなかった。

真弓主任は表情一つ変えることなく、淡々と事務作業を続けていく。カバンから契約書類を一式だし、一通り契約内容を説明し始めた。岡田先輩とは違って、契約内容を客にわかりやすく言いかえることもなく、機械的に六法を読んでいるかのように契約内容を読み上げていく。そして、「住所・氏名を記入して実印をお願いします」とすっと客の前に契約書を差し出した。

客は緊張気味だったが、すぐ契約書にサインした。本当は不安でいっぱいなのだろうが、真弓主任の事務的な態度が、かえってサインをしやすくしているように見えた。もしこの場面で、いろいろとかみ砕いて説明していたら、こんなにすんなりサインしないような気がした。

すべて契約が終わった後に、「大丈夫ですよね？」とぼそっと客がつぶやいた。

「毎月決まった額を毎月一定日にお支払いしていただければ何の問題もありません」

と、真弓主任は客に対して過度な情をかけるそぶりもなく言った。それが冷たい態度のようにも見えるのだが、その冷静沈着さが客を安心させているのかもしれなかった。

「何かわからないことがあったら私に連絡してください。携帯の番号知ってますよね？」

矢内さんはニヤニヤしながら言った。

「ええ、大丈夫です。では明日、お金を受け取りにいきます」といって無事に契約が終了した。

❖トイチをするのもしんどいんや

帰りの電車の中で、真弓主任は、「どう、矢内さん恐かった？」というので、「ええ、恐かったです」と正直に言った。

「あんな恐そうな風貌でよく客を集めてこれますね」と一番不思議に思っていたことを聞いた。

「あの人は、事務所もなく会社組織にすることもなく、携帯電話だけで一人でやってるんだよ。人脈があるから客を引っ張ってこれるんだろうね。業界にも顔が利くし、頼りになるんだよ」

なるほど。確かにあの人だけで事務所構えていたって、絶対に一般客は行かないだろう。でも人脈があればああして携帯だけで商売ができるのだ。

「あの人、前はトイチをやっていたんだけど、あまりにリスクが大きいから今は紹介一本でやってるみたいなんだよ」

「トイチって何ですか？」

「十日で一割で貸す高利貸だよ。違法なんだけどね、需要もあるし儲けもいいみたいだから、ずっとあの人、トイチの金貸ししてたらしいんだけど、やっぱり危険な客に貸すから回収できないケースもあって、それに個人でやってるから資金力もないので、やめたらしいんだよね」

あんなにまじめな真弓主任がそんな裏の人と付き合っていていいのだろうか。

「あんな風貌してるし、少々危ない橋を渡る仕事をする時もあるみたいだけど、あの人、仕事はきっちりできる人だから俺にとってはいいパートナーなんだよね」

さすがはトップセールスマン。ただまじめなだけではこの世界ではやっていけないのだろうな。

❖紹介業者の新規開拓方法をマスターするんや

僕が眠そうにマニュアルを眺めていると、それに気づいた店長が、僕と山野さんを呼んだ。

「山野君、今日、八木君に紹介業者の新規開拓の方法を教えてやってくれないか？」

「わかりました」

ということで、今日は山野さんに教えてもらうことになった。

山野さんは去年うちの会社に入ったばかり。というのもこれまで十年間ずっと住専に勤めていたのだが、不良債権が問題化して公的資金投入の事態にまでになったので転職せざるを得なくなったのだ。三十三歳で、結婚もしていて小さな子供も二人いるので、とにかく会社を選ばずぐに転職せざるを得なかったという。住専でも住宅ローンの融資をしていたので、不動産担保融資の知識は抜群。昨年後期の営業成績は店内で真弓主任に次ぎ二位。真弓主任、岡田先輩とともに半年で一億円以上融資した「一億円プレーヤー」なのだ。

「八木君はもう知ってると思うけど、うちの会社は先月で不動産担保の広告を一切辞めて、媒介業者からの紹介で集客することになったんです。だから営業マンは案件を紹介してくれる媒介業者の営業に力を入れなくてはならないんです」

「はい」

「それで、媒介業者をリストアップする方法は、まずスポーツ新聞の広告欄。ここにはいっぱい金融業者が広告を出しているからそこに営業の電話をかけるか、直接訪問するかするんです」

「なるほど」

「次にタウンページ。うちには東京都・神奈川県・千葉県・埼玉県のタウンページがあります。そこの金融欄にはずらっと金融業者の名前が出ているので、そこに一つ一つ電話をかけていって、営業をかけていくんです」

新宿など首都圏の主な都市には社員が電話した後が残されていた。線が引っ張ってあったり、丸がついていたりした。電話帳から電話していくなんて結構大変そうだなと思った。

「三つ目は貸金業名簿。貸金業協会に登録している業者の一覧が都道府県別に出てるんです。うちにあるのは東京・神奈川・埼玉・千葉。東京の主要な場所はすでにまわってしまっているけど、それ以外はまだ営業をかけていないので、新規開拓のチャンスはあります」

貸金業名簿なんてものがあるんだ。そこには大小さまざまな金融業者が載っていた。

「ちょっと試しにどれか電話してみましょうか?」

山野さんは適当にタウンページや貸金業名簿から業者を何社かピックアップして、「隣で聞いていてね」とすぐに電話をしはじめた。

「お世話になっております。ナルシンファイナンスと申しますが、そちらで不動産担保の融資をされていますでしょうか?」

何社もかけたがたいした手応えはなさそうだった。中には電話が通じないところもあった。

「金融業者は開廃業が早いし、事務所をすぐに移転してしまうところも多いからね」

と山野さんは苦笑いしていっていた。しかし何社目かにかけた電話で手応えがあったようだ。

「たとえばですね、うちは都内に限らず、地方の不動産でも融資をしますので、そういったお客さんがいたら紹介していただけるとありがたいのですが」

「はい、あとはですね、調整区域の物件でも無指定の物件も融資しますし、抵当順位が三番でも融資します」

「掛け目は一番で七十％が目安です。上限三億円まで融資しますが、だいたい一千万円前後の案件が多いですね。利率は一千万円で十六～二十％前後です。客の返済能力もある程度みます。借地・底地・田んぼ・畑はやりません」

「ええ、ではよろしければ一度ご挨拶にうかがいますので。よろしくお願いします」

あっという間に一社有力先を発掘したようだ。

❖営業はムダを覚悟で地道に回るのがコツや

「山野さんすごいですね」

「まぐれですよ。なかなかこんなにうまくいくことは少ないんです。でも、あきらめずに何十社もかけていれば必ず引っ掛かる先があるので、地道に掛け続けることがコツですね」

「じゃあこうやってどんどん電話していけばいいんですね」

「時間がない時とか、ちょっとした余り時間とかは店内で電話するのも一つの手だけど、本当はアポなしでも直接訪問しちゃった方がいい場合もあるしね」

「え、なんでですか？」

「今みたいにせっかく脈があったところでも、電話とファックスだけで済まされるのと、直接会って話をするのではまったく印象が違いますから。うまく電話と訪問を組み合わせることです。営業の方法に正解はないけど、効率良くやろうと思うよりも多少の無駄は覚悟でも、地道にやっていった方がいいってことだけは確かです」

そうか、地道に一軒一軒か。自分でどんどん新規開拓して紹介業者を見つけないと、成績は伸びなくなってしまう。時間があったら営業していかないとなと思った。

「今のうちなら失敗できるから、どんどん業者のところにいってどんなことを聞かれどんな知識が必要なのか、身を持って覚えていくことも大切だしね」

さすがは営業成績優秀な山野さんだ。とても丁寧に教えてくれた。真弓主任とはまたタイプの違う営業マンだけど、きっとこのあたりのよさで信頼を勝ち得ているんだろうなと思った。

「八木君、もうわかったと思うけど、不動産担保ローンなんて、まあ客によっても不動産によってもまちまちだけど、基本的にどんな案件だってやることは同じ。はっきりいって二、三ヶ月もあれば仕事は覚えられるはずです。回収と違ってね。でも一番大事なのは、いかに融資できそうな案件を引っ張ってくるか、その集客力にかかっているんです。ナルシンにはナルシンのやりやすい案件があるし、業者も紹介しやすい案件と、ナルシンなんかに紹介しないで他社に紹介したい案件っていうのもある。だからね、業者にうち用の案件をいかに紹介してもらうかがポイントなんです。それさえできればね、あとは寝ててもさぼっってても案件は入ってくるんですよ」

山野さんのいうほど、案件を進める仕事も簡単ではないような気もしたが、でも確かに集客してくる方が難しい。うちに紹介してくれやすい案件は、築年数の古い中古マンション、調整区域、地方案件、税金滞納者、賃貸物件、抵当順位の低いもの……、といった不動産のようだ。一般的にあまりいいとはいえない担保でも、うちは積極的に融資できるらしい。

❖取り立てができれば立派な金融マンや

「おい、おたく、うちの返済なめとるんか！　ええ加減にせんと、どないなるかわかっとるんか？ぐだぐだいうてないで、はよ返さんか！」

東京店の取り立ては一手に清原さんが担当している。風貌は決して恐くはないが、大柄な体格で無慈悲な顔つきが、「この人、何考えてるかわからない」「この人、何をしだすかわからない」といった恐怖感を与える。特にこの電話での取り立ての怒鳴り声ははんぱではない。ここまで取り立てを厳しくできるのは清原さんしかいなかったので、誰もが一目置いていた。ヒステリックなひょっとこ店長でさえも、清原さんは取り立てを一人でしっかりやっているので、営業成績があがらなくても文句を言わなかった。その清原さんと契約同行する機会がめぐってきた。取り立ての恐いイメージが強かったが、話してみると実におもしろい人だった。

「八木君、なんでこんな部署に配属されたんだろうね？」

「法学部だったんで、不動産の知識があるだろうって人事の人に言われて、無担保ローン店舗でなく、不動産担保部門に配属されたみたいなんですけど」

「よっぽどできる奴と見られたか、よっぽど変わった奴と見られたかどちらかだな」

「え、どうしてですか？」

「八木君は、不動産担保ローンの部長とは会ったことなかったんだっけ？」

「いや、ないですけど」

「この川藤部長っていうのが今、社内では勢力を失ってるんだよ。つまりこの部署に配属されるのは会社の主力部隊から外れることを意味してるんだよ」

「ええ、そうなんですか？　でもうちの会社はこれから大手消費者金融に追いつくために、不動産担保ローンに力を入れていくって……」

「そうなんだけどな。今、創業社長がもうじき引退するから、次期社長の椅子をめぐって、川藤部長と営業本部の東条部長が争っているわけよ。そこで今、一つの焦点になっているのが不動産担保ローン。川藤部長はうちみたいな担保専門店をどんどん出店して自分の勢力を拡大したいと思っている。ところが営業本部の東条部長は、わざわざ担保専門店なんて作る必要はなく、無担保ローンの店で不動産担保ローンの担当者をおけばいいって主張している。今のところ社長は担保ローンを伸ばすために、両部長の両方の方針を同時並行させてるんだ。でもな、圧倒的にうちより、無担保ローンの店での不動産担保ローンの営業成績の方がいいんだよ」

そんなことがあったなんて何も知らなかった。

「このままで行くと、次期社長は東条部長だろう。そうなれば今の不動産担保ローンの店、全部つぶして無担保ローンの店に振り分けられる可能性が高いってわけよ。そうなったらうちらなんか、無担保ローンの二十代の若い店長の下で、へいこらへいこら働くしかないんだぜ」

そんな会社の裏事情などまったく知らなかった。

「八木君、だからね、ここでまじめに成績上げても昇進の道はない。下手にいい成績上げて、川藤部長に気に入られてしまったら、ずっと会社内では弱い立場の部署での仕事しかできなくなってしまう。だから、ここでは適当にやってさぼることが大事なんだ」

その結論はさぼるための言い訳みたいに聞こえなくもなかったが、一理ないこともない。

❖三十五歳以上の独身は人間性に問題があるんや

「こんなへんてこな店に新人が配属されるなんて、よっぽど評価されたか、見捨てられたかだな」

「そんなにうちの店ってへんなんですか？」

「みりゃわかるだろう。この活気のない雰囲気みれば。まあ店長のひょっとこがへんてこりんだからいけないんだけど、みんなおかしな人ばっかだろう。たとえばゾウリムシとかさあ」

『ゾウリムシ』とは経理担当の野村さんのことだ。

「なんかゴミみたいにちょこまかちょこまか動き回って、容姿もなんかゾウリムシみたいでしょ」

笑っちゃいけないとは思いつつも、思わず笑ってしまった。

「真弓主任だって仕事はできるけどあの歳でまだ独身だっていうし、ひょっとこもゾウリムシも四十歳過ぎなのにまだ独身なんだよ。うちの会社でお金借りる客は、三十五歳過ぎて独身の人って人格に問題があるってことで、金借りる時、ランクが下がるんだよ」

「へえ！　そうなんですか」

「それがうちの店には三人もいる。それだけでも十分、変なんだ」

大学時代、社会学の授業で「結婚淘汰説」というのを勉強したことを思い出した。ある程度の年齢になっても結婚できない人、結婚しない人というのは社会性のない、人格的に問題がある人が多いというような学説だったように覚えている。こうしてサラ金の審査にも取り入られているところを見ると、人を見る一つの判断基準の参考になるのだろう。岡田先輩の「性悪説」もそうだが、社会学の「結婚淘汰説」まで取りいれているとは、サラ金の人間学はおそるべきものだな。

「蓑田主任もかなりやばい人だよ。あの人が持ち歩いてる東京マップ見せてもらいな」

「何が書いてあるんですか？」

「そこには風俗店の料金から女の子のレベルからサービス内容から何から事細かに載ってるんだ。あの人、仕事行くって外出する八割方は風俗店まわりなんだよ」

「え、そんなことして店長にバレないんですか？」

「バレてはいないけど、さぼってんのはわかってるだろう。だってあの人まじめに仕事やれば仕事できるはずなのに、成績いつも悪いのはそのためなんだ。ひょっとこ店長の下では働きたくないっていう抵抗運動らしいけどね」

会社には実にいろんな人がいるもんだ。この店が毎年最下位なのは、みんなバラバラだからなんだろうな。

「まあ仕事の話しはこれぐらいにしてと。八木君は競馬やるか？」

「ええ、多少ならやりますけど」

「今、俺はな、『清原流万馬券必勝法』を研究中なんだよ。もうさっさとこんな会社に見切りつけるためにはなんといっても金だよ、金。この必勝法編み出したら、即会社辞めて、こんなくだらん日本なんかおさらばして、外国に永住するんだ。どう、ちょっとこの必勝法教えてやろうか」

「ええ、ぜひ……」と言ってしまったが最後。延々清原流万馬券必勝法を聞くことになった。この人も変な人ではないか。そんなことを思いながら、契約するお客さんの家へと向った。

❖客に情けをかけたらあかん

清原さんの契約の仕方は、岡田先輩や真弓主任とはまた違っていた。一言でいえば強引で適当なのだ。客にろくに契約内容を説明することもなく、「とにかくさっさと住所・名前書いてもらえますか」と指差し、書かせた後は「こちらで実印押しますので」といって実印をひったくって自分でさっさと押してしまう。最後に、「これ契約書の控えですんでよく読んでおくように」と言って終わりなのだ。客に有無を言わせず進めていく。こんな方法もあるのだと感心してみていた。

「強引にやってあとでトラブルにならないんですか？」

「八木君、勘違いしちゃいかんぞ。客っていうのは卑怯なもんで、いざ契約となったら迷ったふりだとか悩んだふりだとかして、営業担当者に同情を誘おうとするんだよ。そこで優しい言葉をかけてたら、もう大変。そういう客は絶対にあとから返済遅れて甘いことぬかすんだよ。やれ営業担当者は優しかっただの、融通きかせてくれただのって。こういう場面ではビシっと対応しないとあとで取り立てが大変になるから、契約は強引に進めていく方がいいんだよ」

確かに清原さんの言う通りかもしれない。多少強引とはいえ、今後の返済のことを考えたらこのぐらい突き放した態度でもいいのかもしれない。

取り立てをやっているだけあって、融資後ちゃんと返せるかどうかを人一倍心配しているのだ。

仕事をさぼることばかり考えている清原さんだが、その辺は誰よりもきっちりしている。

契約が終わったのが十六時過ぎだった。このまま会社に帰るのかと思いきや、「八木君、今日は直帰にしよう」と言い出した。

「どうせ帰ったってやることないんだろう？　俺が契約でちょっと手間取って時間が掛かったってあとで連絡するから」

「じゃあそれまで何を？」

「ピンサロにいこう。この時間からいけばタイムサービスで安いんだな」

❖日本のサラリーマンにさぼりはつきものや

「そんな！　まずいですよ。仕事中に」

「八木君はピンサロ、行ったことあるんか」

「ないですよ」

「いいか、初心者は知らない店に行っちゃいかんよ。ぼったくり店も多いからな」

「いや、自分は行かないので……」

そんな僕の言葉を無視して、清原さんは熱心に解説してくれた。

「それからタイムサービスを有効に利用することがコツだな。夜になればなるほど、同じサービス内容でも料金は高くなるんだから。昼間に行けば安くていいってわけだ。勤務中に抜くって最高なんだな、これが」

「やばいんじゃないですか、仕事中にそんな。バレたら大変なことになるんじゃ……」

「何言ってるんだよ、八木君。サラリーマンの昼間のさぼりなんて、当たり前のことだよ。まして この不況のニッポンで、サラリーマンが昼間さぼることによって、お金を使い、それによって金が回るってわけよ。そうやって貴重な経済効果になってるんだから」

詭弁とも思える理論だが、まあ確かに言われてみればそんな側面もあるのかもしれない。

「でも、ただコーヒー飲んだりするぐらいだったらいいんでしょうけど、フーゾクはまずいんじゃないですか？」

「コーヒー飲んでさぼろうが、フーゾク行こうが家で寝てようが、さぼりはさぼりなんだ。さぼりに何しようが関係ないっちゃ関係ないよな」

「でも……」

「八木君、よう見てみん？ 昼間の東京を。パチンコ・競輪・フーゾク・喫茶店・ビデオルーム……。スーツ姿のサラリーマンで大盛況だろう。さすがに日本では昼間から酒を飲むとまずいけどな。まあそれ以外はサラリーマンの標準的な行動っていうわけよ」

確かにパチンコ店などは明らかに仕事中と思われるサラリーマンがいっぱいいる。

「ほら、八木君。よくニュースなんかで日本の労働時間は世界で最も長いとか言ってるだろう。でも間違いなく、勤務中にさぼってる時間は日本が一番長いはずだ。他の国で勤務中にこんなにさぼる国なんてないんじゃないか」

❖不況と騒いでもさぼりサラリーマンがいる平和な社会や

清原さんの言う通り、そこかしこにスーツ姿のサラリーマンが歩いていて、吸いこまれていくようにどんどんフーゾク店に入っていく。

日本て一体どんな社会なんだ?!　不況不況と騒いでいながら、真っ昼間から仕事をさぼってフーゾクに行くサラリーマンがこんなにいるなんて……。

「なあ、わかっただろう。サラリーマンのさぼりなんて当たり前のことなんだから、そんなびくびくしなくてもいいんだよ」

時間が早いせいか、フーゾク店は夜の半額の料金設定になっている。これだから昼間にこんな客が入るのだろう。

「フーゾク店も不況で苦労してるんですね。アイドルタイムをなんとか有効活用しようとしているから、こんな安いんですね」

「アイドルタイム？　なんじゃそりゃ？　ひょっとして新手のサービスかい？　アイドル似のかわいこちゃんが出てくる特別時間を設定したお店でもあるのか。なんだ八木君、詳しいなら教えてくれよ」

「いやいや、あのー、アイドルタイムっていうのは、ピーク時でない時間帯のことですよ。いかに客の入らない時間に、店を有効活用するかっていうのが、今、どんなお店でも工夫をしているところなんです」

「なんだか、八木君、頭いいなあ。まあそんな難しい話は抜きにして、さっさと行こうな」

「いや、やっぱり僕はやめておきます。まだ新人ですし……」

「まあまあいいから行こう。金だったら貸してやるから」

なかば強引に清原さんに連れていかれた。

❖残業代稼ぐために昼間さぼるんや

店に入るとそこは昼間の明るさとは違って別世界。テクノ系の音楽がガンガンにかけられ、あやしげな明かりが灯されている。店の中を覗いてみると、そこはサラリーマンの巣窟だった。

「あっ、いけねえ。指名料ただになる無料券忘れたちゃったな。やっぱ、八木君、今日はやめよう。まあ近いうちにまた訪問回収で来るだろう」

店員の強引な客引きを清原さんはいとも簡単にふりきり、あっさり行くのをやめてしまった。

「せっかく来たのに、無料券忘れてくるなんてついてねえなあ。まあいっか」

僕はなんだかほっとした。とりあえず喫茶店に入ってコーヒーを飲むことにした。

「清原さん、なんでサラリーマンは昼間あんなにさぼるんですか？」

あんな後ろめたい気持ちで仕事中にさぼるより、さっさと仕事を終わらせて帰ったほうがいいんじゃないかと思った。

「いいか、日本っていうのはな、成果主義じゃないんだよ。まだまだ年功序列でがっちし賃金が決められている。いくら成績あげても、まあボーナスの査定がよくなるぐらいで、基本給が大幅にアップすることはありえないし、先輩社員を飛び越していきなり昇進することもない。一番、楽して金を稼ぐ方法は残業代なんだ。残業みっちりやれば基本給が少なくってもかなりの残業代がつく。だからみんな昼間はさぼって仕事をだらだら遅くまでやってるんだな」

「なんだか効率悪いですね」

「仕方がないよ。みんな遅くまで残ってるけど、実際は仕事はないんだよ。住宅ローンもあるし、帰ったって何かやりたいことがあるわけでもない。だからだらだら残ってるんだな」

「じゃあほんとはみんな暇なんですか？」

「当たり前だろ。みてみい、遅くまで残ってるやつで成績いいやついるか？　うちの店のトップの真弓主任なんか、成績トップだけどいつも帰るの早いだろう。仕事のできない蓑田主任やゾウリムシはいつまでたっても残ってるだろう。昼間はさぼる。仕事はできないから遅い。成績が上がらないから残業代で稼ぐ。遅くまでやっているやつは、仕事できないやつだといっても過言ではないな」

　そうなのか。そんなこととは知らず、みんな遅くまで残って仕事がたくさんあって大変だなと思いこんでいた。

❖年下の上司だからといって腐ったらおわりや

　東京店の反体制派というかさぼり派の代表格が蓑田主任だった。店長よりも社歴が長く、年齢も上。にもかかわらず店長昇進を先越されて以来、やる気をなくしてさぼる毎日を送っているらしい。ただ店長のようにカリカリした性格ではなく、おだやかで温厚なことから岡田先輩や清原さんからも好かれている。その蓑田主任と同行する機会がやってきた。

例のごとく東京店の朝礼は店長の怒りの談話が続いていた。明らかにターゲットとされているのは二人。蓑田主任とゾウリムシこと野村さんだ。二人は明らかに営業成績が悪いということもあったが、面と向かって店長に反論することからもにらまれている理由だった。

朝礼の最後に各人が一日の行動予定をいう。蓑田主任はさんざん店長に嫌味をいわれたことに腹を立てたのか、「今日はヒマなんで、ブラブラします」といったのだ。清原さんや野村さんは露骨に大笑いした。これには良識派の真弓主任も山野さんも思わず笑ってしまった。しかし、この言葉を聞いてひょっとこ店長が黙っているわけがなかった。

「蓑田君！　ヒマなんでブラブラするとはどういうことか！　おちょくってるのか！」

「そういうわけじゃないんですよー。ただやることないんで、どうしようもないんですよ」

あまりに蓑田主任が堂々としているので、店長は無言になってしまった。沈黙が流れる。そして店長はいいことを思いついたようにこう言った。

「ヒマなら今日一日、八木君を連れて媒介業者の営業に行って！」

「あー、それはいい考えですねー、店長。新人教育ですね。任せておいてください」

そんなわけで蓑田主任と同行することになった。

「八木君、今日、営業したい媒介業者をリストアップしてくれるかい」

と蓑田主任にいわれたので、十数件、媒介業者をピックアップした。

「よし、じゃあ八木君いくか」

しかし店を出ると蓑田主任は駅の途中にある喫茶店へと入っていった。

「蓑田主任、営業に行くんじゃ……」

「八木君、何事も焦ったらダメだよ。まず作戦会議ね」

そういって喫茶店に入っていた。

「どう、八木君、会社、慣れた？」

「ええ、まあ」

「サラリーマンは大変だぞー。でも焦っちゃいかん。昇進ばかり考えてると、ひょっとこ店長みたいに人相は悪くなるし、結婚はできなくなるし、ろくなことないぞー」

そんな調子で蓑田主任は喫茶店からまったく出るそぶりがなく、雑談を続けていた。一時間が過ぎ、さすがにまずいんじゃなかろうかと思ったところ、「よし、じゃあ行こうか」と蓑田主任が声をかけてくれた。やっと営業に行くのかと思いきや、蓑田主任は自慢の東京地図を取り出した。清原さんのいっていた通り、そこにはぎっしり風俗店情報が書かれていた。

「八木君、どんな店がいいかな？　人妻がいいか、若い女の子がいいか、それともコスプレがいいか、本番いっちゃうか。えっと今日は水曜日だから、あそこの店はいい女の子来てるかもな」

蓑田主任は本気でこれから風俗店に行くつもりらしい。僕はまずいだろうと思い、お金がないといってなんとか行かない言い訳をした。蓑田主任は残念そうに「仕方がないなー」といってあきらめてくれたものの、「じゃあ、別の喫茶店にうつろっか」と今度はゲーム機の置いてある古い喫茶店に入った。

「よし、じゃ、インベーダーゲームで汗を流すか」

終始こんな感じで時間はどんどん過ぎていった。しかし蓑田主任、さぼりが半端ではない。ごまかして何件か営業しようとか、そういうこともまったく考えていないようなのだ。

「蓑田主任、営業報告しないとまずいんじゃ……」

「八木君、営業報告書は適当に書いていてくれていいから。わかりゃしないんだから」

というわけで、今日は一日完全にさぼりで、夕方ぐらいになり、事務所に帰ることになった。

蓑田主任はかつて仕事ができたらしい。でも店長との軋轢で今はすっかりやる気をなくしている。なんだかかわいそうなような気もしたが、僕にはどうすることもできなかった。

❖社内いじめは他のみんなが仲良くなるための秘訣や

翌日、今度はゾウリムシこと野村さんと契約に同行することとなった。本当は根はすごくいい人なのだろうが、容量が悪いためにみんなからゾウリムシなんて言われてしまっている。確かに見た目はぬぼっとしていて、背が低く小太りだけにそういう扱いをされてしまうのかもしれないが……。ただ前に岡田先輩がこんなことを言っていたのを思い出す。

「仲良くない集団っていうのは、まず一人、その集団の中でいじめる存在を作るんや。そうすると、意外と他のみんなはうまくいったりする。それは弱い者をいじめるという共通の話題を作って、お互いに干渉しあわないための方策なんや。野村さんはかわいそうなことに、この店の中でそういう存在にはうってつけやったんやろうな」

確かにそうかもしれない。みんなが野村さんを「ゾウリムシ」とバカにすることで、あちこちにくすぶる社員間の火種を封じ込めているのかもしれなかった。

野村さんは店長と同じ四十歳なのだそうだ。そしてまだ独身だ。

「俺はもう終わった人間だから、店長から文句言われようが何言われようが、ここで働いてくけど。八木君は転職考えた方がいいんじゃない？　この会社、いいとは言いがたいからね」

野村さんのこの言葉にショックを受けた。入りたくてサラ金業界に入ったわけではないにしろ、これから一人立ちして仕事がんばるぞっ、と思っている矢先に、「こんな会社もったいない。転職しちゃえば」と言われると、思いもつかなかった選択肢だけにはっとさせられた。

この会社に入る前まではサラ金で働くなんてやだなとか思ったりもしたけど、入ってしまえばここで働くことが当たり前のものとしか考えられなくなっていた。でも考えてみれば何もここで無理に働く必要はないのだ。現に新卒で入った社員の中には、もう会社を辞めて別の会社に転職した人もいた。そう思い出したら、なんだか自分の今やっていることが急に揺らぎ始めた。

しかし野村さんはそんなことも気にせず、マイペースでしゃべり続けていた。

「俺はさあ、働いてお金貯めて、休みに行くスキューバだけが楽しみなんだよね」

なんと野村さんが住んでいるのは四畳半のワンルームで風呂無しトイレ共同の三万円のアパートなのだという。もう四十歳過ぎのいい大人が風呂無しトイレ共同のアパートなんて……。いくら成績が悪いとはいっても社歴は長いのだからそれなりの給料はもらっているだろうに、徹底的に家賃や食費を節約して、趣味にお金をかけているのだそうだ。

❖どんな些細な不備も、融資には許されないんや

野村さんの今月初の契約。「たかが三百万円だから」と言いながらも野村さんはうれしそうだった。うちの店の平均融資額は一千万円なので、確かに三百万円というのは少額案件だが、とりあえず契約一件できてほっとしているのだろう。しかしお客さんのところへ行っていざ契約しようとすると、思わぬ落とし穴があった。印鑑証明書が一通足りなかったのだ。

「じゃあ今取ってきましょうか?」というお客さんに対して野村さんは、

「とりあえずいいですよ。一通あるので明日、融資するために必要な分はありますので。明日、お金渡す時に持ってきてくれればいいですよ」と言った。

いいんだろうか。念のため今、取ってきてもらった方が安全ではないかとも思ったが、新人の僕がさしでがましいことは言えないと思い、黙っていた。

しかしこれがとんでもないことになった。契約を終え、会社に帰ってきた野村さんに店長は、「野村君、契約どうだった? 問題なかった?」と聞いたために、印鑑証明が足りないことが発覚してしまったのだ。

「問題ないですけど、お客がバカでねえ、印鑑証明書一通足りなかったんですよ。とりあえず一通あったのでそれを明日の登記用にします」

と至ってかる〜く話した野村さんに、店長がひょっとこ面を表し、怒りの表情へと変わったのだ。

「何やってるんだ! 明日の融資は取りやめだ。今からいって印鑑証明書とってこい!」

「なぜ融資やめなきゃいけないんですか？　明日持ってくるっんだからいいでしょう！」

「おい、この仕事何年やってるんだ？　借金まみれの債務者が、どうして明日持ってくる保証がある？　書類が事前に揃わない限りは、融資なんてできるわけないだろ！」

❖部下と上司のケンカは最高におもしろいんや

これはおもしろくなったと、清原さんと蓑田主任はニヤニヤ笑っていた。

「またはじまったぞ。宿命の超低レベル対決。ひょっとこ対ゾウリムシの試合が」

「いいじゃないですか。明日の法務局への書類が足りないわけじゃないんだから。ようは融資できて明日印鑑証明書があればそれでいいじゃないですか。わからずやですね」

「う、う、うるさい！　俺をバカにしてるのか？　え、言ってみろ。俺をバカにしてるのか？」

店長はまいどのごとく、ひょっとこ面して相当ヒートアップしていた
「バカになんかしてないですよ。もうそうやっていつもわけわかんないこというんだから」

「それがバカにした言葉だっていうんだよ！　もういい、明日の融資はとりやめろ。俺が印鑑証明書を見るまでは絶対に融資させないぞ」

「何言ってるんですか？　もうそのつもりでお客にも業者にも司法書士にも抹消先にも銀行にも連絡しちゃったんですよ。今更キャンセルなんてできるわけないでしょうが」

「とにかく明日の融資はなしだ！」

店長がきっぱり言うと、一瞬、口論がやみ、沈黙が支配した。そして野村さんはなんと言い返

すか思案した後、こう答えた。

「わかりましたよ。店長の言う通り、明日の融資はやめにしますよ。全部キャンセルします。もう二度と融資なんてしません」

「二度と融資しないってどういう意味だ？　おい、ふざけてんのか」

「ふざけてなんかいませんよ。明日融資できないっていってるのは店長でしょう。明日できないならもう二度と融資はしません」

「だったら今すぐ辞表を書け！　融資をしない営業マンなんていらないから。ほら、早く書け！」

「なんで私が辞めなきゃならないんですか？　辞めるんだったら店長辞めてくださいよ！」

「な、な、なんだと!!」

売り言葉に買い言葉のこのどうしようもない口論は泥沼化していった。ひょっとこ店長とゾウリムシこと野村さんはどちらも超接近し合って、まるで不良少年同士の喧嘩みたいに、がんをたれあい、体をぶつけあい、どちらからでもすぐにぶん殴ることができるような態勢をとっていた。いよいよ殴り合いの社内乱闘騒ぎが始まるのだろうか。

清原さんや蓑田主任は、今まさにはじまろうとしているショーを一瞬足りとも見逃すまいと、ぐっと身を乗り出していた。岡田先輩はとめに入ろうか迷っているようだったが、とばっちりをくうのを恐れて逡巡していた。山野さんももう自分には手に負えないなと、様子を見守っているだけだった。さあいよいよ喧嘩がはじまるぞ！　というまさにその時だった。

「くだらん喧嘩やってないで、さっさと仕事してください！　他の人の邪魔ですよ!!」

と一喝したのは、一番無関心かと思われた真弓主任であった。意外な人物から意外なタイミングで言葉が発せられたことで、一瞬店内は沈黙が漂った。この言葉に再び店長がキレるのではないかとも思ったが、真弓主任はそれだけ言うと、またさっさと自分の仕事に集中していたので、店長はぽかんとしたまま、何も言い返すことができなかったようだ。

その一言で、ヒートアップした雰囲気は一挙に冷めていった。他の人たちも「ああ、ばからしい」とばかりに自分の仕事に戻りはじめた。取り残された二人は店内の冷めた雰囲気が伝染したのか、戦意を喪失してしまったようだ。

「わかった。じゃあ野村君、今回は特別の特別のチョー特別の例外措置だから。明日九時に客に印鑑証明書とらせてファックスさせなさい。それで確認して融資させるから。わかった？」

「ええ、わかりましたよ。そうしますよ」

まだまだ不満そうだったが、真弓主任に一喝され、自分たちの行動が恥ずかしいと思ったのか、やっと二人は互いの席に戻り、店内は落ち着きを取り戻した。まったくやれやれな店だなと思いつつも、逆にいい勉強になるなとも思った。

5　不動産担保ローンは社内の勢力争いの道具なんや

❖創業メンバーはバリバリの町金・金融マンや

清原さんから聞いていた次期社長争いを演じて劣勢になっている、わが部の川藤部長が東京店に様子を見ることになった。部長が来るということで店内は大騒ぎになっていた。

「部長が来たらビシっと挨拶せぃよ。なんせ礼儀や作法には人一倍うるさい人やからな」

と岡田先輩はアドバイスしてくれた。川藤部長は創業メンバーの一人で昔がたきの典型的な町金あがりの性格だという。礼儀作法にうるさく、曲がったことが嫌い。非常に部下に厳しいことでも知られているようだ。

「ところで部長についてちょっとお聞きしたいことがあるんですけど」

「なんや、言うてみん」

「清原先輩から聞いたんですけど、今は社内的に弱い立場だとか……」

「東条部長との対立の話やろ？　確かに今はちょっと分が悪いかもしれん。でもな、会ってみたらわかるけど、男気があって面倒身のええ人なんやで」

「へえ、そうなんですか」

「俺もこの部署に来て川藤部長にかわいがってもらってるからな、やっぱりその期待に応えなきゃあかんと思うのよ。分が悪いのは言うてみればうちらが営業本部を上回る成績をあげられんからやろ。うちらがもっと営業がんばって、この部署を大きくする力にならなきゃいかん」

「そうですよね」

「みんな部長や店長の文句ばっかりいって何一つろくに仕事せえへんやろ。上司の文句言って部下が足引っ張ってたら、いつまでたってもうちらも上司も会社からはいい評価されないんや。俺も頭にきて店長の文句言うこともあるけどな、どんな上司だろうが部下が盛りたてるのが筋やからな。だから八木君もうちの部署が分が悪いからといって腐って仕事してたらあかんで。最終的にこの部署がどうなろうが、ここで残した成績はちゃんと会社は見てるからな」

それはしっかりと肝に命じておかなければならないことかもしれない。

❖上司が怒られてる姿を見るのはサイコーなんや

「八木君にとっては今はすごく大事な時期やからな。この会社にずっと一生いるわけではないにしても、はじめて入った会社での新人期間で学んだこと、覚えたことって、転職してもずっとつきまとうからな。変なさぼりぐせとか覚えちゃあかんで」

何かまるで清原さんや蓑田主任と同行した時にさぼってしまったことを見透かされているよう

な気がして、思わずはっとした。

「低迷東京店を俺とおまえでバンバン営業成績あげて担保ローン店で一番になろうやないか」

低迷東京店を一位にする。社内で立場の弱い川藤部長率いる担保ローン部隊でがんばって、強敵営業本部に打ち勝つ。なんだか僕は弱いプロ野球チームに入った新人で、即戦力となることを期待されているのだと痛感した。それにしても、あのひょっとこ店長をも平気で怒鳴り散らすという、川藤部長とはどんな人なのだろう。

「やっかいなのが来るな。顔会わせないように外出予定無理やりいれるか」と清原さん。

「じゃあ、俺も清原君と一緒に、どこに営業活動に行こうかな」と蓑田主任。

「競馬はやってないし。サウナ？　パチンコ？　カラオケ？　どこいきましょうか、蓑田主任」

「清原君、新宿でいいとこ見つけたんだよ。なかなかかわいこちゃんぞろいの安いところをね」

「またピンサロですか？　飽きないっすね」

「どう？　八木君も行く？」

急にそんなところで僕にふれないでくれっと困った顔をして黙っていたが、まだまだ先輩たちの会話は弾んでいた。そこに野村さんも話題に加わった。

「いやあ、いい気味だねえ。部長がひょっとこ怒鳴ってる姿を見るとすかっとするんだよね」

「俺もひょっとこが目ひんむいて怯えてる姿を見なけりゃいかんな。ちょっとピンサロ行くのはその後にしようか」

「でも私も部長に怒られる可能性あるんだよな。あの人、ひょっとこの次ぐらいに目の敵にしてるみたいだからな。やっぱりさっさと外出しよう」

とまあ大人気ない、まるで恐い先生が来てどうしようか考えている悪ガキたちの会話が繰り広げられていた。しかし川藤部長の来店は良識派の真弓主任や山野さんも気にしていた。

「部長はすごくいい人なのはわかるんだけど、話がどちらかというと精神論に終始して、具体的なアドバイスがないんだよな。どう思います？　真弓主任」

「ようは営業成績上げるか上げないか。ただそれだけ。くだらんお説教は時間の無駄。お説教を聞かなきゃいけない人は聞いて、私はさっさと仕事をしたいね。店の連帯責任みたいにして全員に聞かせるのは時代錯誤だよ」

「また店長も部長が来ると、やたら下手に出て余計反感買っちゃうんですよね。せっかく部長が来た時にもっと現場の意見をはっきりいった方がいいと思うんですけどね」

「ほんとは山野君と私で部長に意見を言ってもいいんだけど、それだと店長の面目がないからね」

「触らぬ神に祟りなし。うちらは営業成績を上げることだけ考えればいい」

❖できない営業マンほど言い訳が多いんや

そんな話をしながら朝の掃除をだらだらやり終えたあと、朝礼がはじまるとひょっとこ店長は、「今日、川藤部長が来られることになりました。今日は朝礼の後、三十分みんなで掃除することにします」と口にした。これには社員一同、不満顔であった。朝礼の前にすでに掃除をしているというのに、またその後も掃除をするなんてふざけている。掃除して部長の機嫌を取ろうなんて間違っている。みんなうんざりしている様子だったが、誰も口に出して文句を言わない。そんなことしたら店長が怒るに決まっているからだ。ところが野村さんが店長に反論してしまった。

「店長、私は掃除しなくていいですよね。私は経理も兼ねて営業もやってるんで、これから銀行にも行かなきゃならないし、あと机上評価もやらなきゃいけないし」

あちゃー、言ってしまった。店長の前でわざわざ怒りを買うようなことを言わなければいいのに……。その言葉を聞いて、店長は口をとんがらがして、野村さんにキレた。

「何、言ってるんだ、野村君。川藤部長が来るのはうちの店が営業成績悪いからだろう！　一番成績の悪いのは野村君なんだから、掃除ぐらいしっかりしないで何が仕事だ！」

そこでハイといって終わらせればいいものを、野村さんも同じくキレてしまった。

「営業成績悪いから、掃除なんかしないでさっさと仕事しましょうって言ってるんでしょう？　そんなことしてるから営業成績が上がらないんですよ」

「なんだと？　だったら掃除しなくていいから、今月、店のトップの成績を上げられるか？　それだったら掃除なんかしなくていくらでも仕事しても構わないよ。え、どうなんだ？」

「三十分掃除しないでトップの成績上げろなんて無理に決まってるじゃないですか。そんな変な言いがかりつけないでくださいよ」

「そうやって無理だ無理だって言ってるからいつまでたっても無理なんだよ。一体うちの会社に入って何年になるんだ？　社歴だけ長いくせに営業成績上げられないじゃないか！」

「それは僕だけのせいですか？　経理もやれ、掃除もやれって、営業だけに専念できる環境を作ってくれない店長が悪いんじゃないですか！」

「なんだと！」

ひょっとこ店長は興奮して、ぶるぶる震えながらも野村さんに近づいていった。野村さんはいつでも反撃できるように、顔を突き出しながら、拳を固く握りしめていた。まさかこんなところで殴りあいがはじまるのか。一触即発の状況下で、たまらず岡田先輩が割って入った。

「店長も野村さんももうやめましょうよ。今日、部長が来るんですから、みんなでこれからさっさと掃除してきれいにして、それで仕事すればいいじゃないですか」

「岡田君も上司に逆らうのか？　え、どうなんだ？　岡田君は関係ないんだから黙ってろ！」

「ここで言い争っていてもどうしようもないって言ってるだけやんけ。それを逆らってるって筋違いなこと言わんでください」

「なんだと！」

ついに喧嘩がはじまってしまうのかという時、良識派の山野さんがぼそっとつぶやいた。

「さあみんあで早く掃除しましょう。早くしないと川藤部長が来ちゃいますよ」

山野さんはぞうきんを持ってきて掃除をしはじめた。その行動を見て、真弓主任も掃除をはじめた。まだ野村さんは店長をにらみつけていたが、そこへ蓑田主任が割って入って、「野村さん、掃除しましょう、ね」と言って無理やり店長のそばから引き離した。岡田先輩も冷静さを取り戻し、その場から離れて掃除をはじめた。清原さんは「なんだ、おもしろいとこだったのに」と本当に残念だという表情をあらわにしながら、仕方なく掃除をはじめた。こうしてなんとかこの場は収まった。こんな店の雰囲気だから営業成績が上がらないのかもしれないなと思った。

掃除を終えると、清原さん、蓑田主任は行動予定表に「外回り」と書いてすぐさま出ていった。ゾウリムシこと野村さんは、それに遅れまいとあわてて経理の仕事をしていた。山野さんや真弓主任はいつもと変わりなく仕事をしていた。店長は掃除を終えた後、トイレに入ったまま出てこなかったので、何かと思ったら、なんとトイレ掃除を再度しているのだ。よほど部長が恐いのだ。

❖上司の態度で店の雰囲気は変わるんや

昼前に「おつかれさん！」とでかい声で入ってきたのが川藤部長だった。僕はみんなが恐れるサラ金会社の部長ともなると、やくざまがいの恐いおじちゃんかと思いきや、そんなことはない。寅さんみたいな顔つきで、なかなか親しみやすそうな感じを受けた。結局あわてて出ていこうとした野村さんは、川藤部長とはちあわせてしまい、「おい、少し話するから、店に残っておれ」と部長に言われ、あわてて席についたのだった。

部長の来店でもマイペースに普通に仕事をしている人は、低迷東京店でも一億円を融資した真弓主任、山野さん、岡田先輩の、店内営業成績上位三人だった。あわてて出ていった蓑田主任や清原さん、外に出れなかった野村さんは、ノルマに届かない成績だった人だ。部長が入ってくると全員が席から立ち上がり、いつもの朝礼の気のない返事とは裏腹に、「おつかれさまです！」と元気な声で迎え入れた。上司が変われば店の雰囲気も変わる。ふとそんなことを思った。

「どうも、おつかれさん。東京店の諸君。まあ席について仕事してくれたまえ。ちょっとしたら話をするからな」

岡田先輩が僕に何やら必死で合図をしていた。僕はそれが何を意味しているかわからなかった。

「お茶だよ。お茶。部長にお茶出して」

こそっと岡田先輩に耳打ちされて、僕はあわてて給湯室にとんでいって用意をした。

「いいか、お茶出したら、そこで今年から東京店に配属になりました八木と申します。よろしくお願いしますって、とびっきり元気よく大きな声で挨拶せぃよ」

僕は川藤部長にお茶を出して挨拶をした。そんなに恐くはないという印象だった。

「おお、新人の八木君か。えらい賢そうな子やな。どうや、仕事はやってけそうか?」

「ハイ!」

「今は岡田君に仕事、教えてもらっているんだってな。おい、岡田!」

「はいはい」

あわてて岡田先輩は部長のところに来ると、「返事は一つでええんや!」と一喝してから、にこやかな表情で、「おお、久しぶりやな。今期もがんばってるか」と岡田先輩に優しく声を掛けた。

「新人の教育もあるから大変かもしれんけど、おまえとこの八木君で将来はこの部署を背負っていくことになるんやから、しっかりがんばれよ」と声を掛けた。多分こんなささやかな一言が、岡田先輩が普段仕事をがんばろうっていうモチベーションになっているんだろう。部長が気に掛けてくれると思えば、悪い成績は残せないし、期待に応えたいと思うだろう。そこにご機嫌をうかがうように店長が寄ってきた。

「どうや、店長。今期は最下位なんて言わせへんぞ」

にこやかに言っていたものの、言葉には重みがあった。店長は小刻みに震えながら、「は、はい」と返事する以外何も言えなかった。そんな態度を部長が察したのか、話題を変えた。

「店長、どうや。もうそろそろ結婚したらええんとちゃうの？　結婚して子供ができたら、仕事への取り組みも部下への態度もまた幅の広いものになるで」

「え、ええ。相手がいれば結婚したいとは思っていますが、なかなか相手に恵まれませんもんで」

「もう四十過ぎやろ。まだ間に合うからはよ身固め。おい、そういえば真弓主任もまだやったな」

真弓主任に話題が飛び火して、真弓主任はえらい迷惑そうな表情をしていた。営業成績が悪いならいくらでも非難は受けるが、プライベートな面で指図は受けたくない。そんな感じだった。

「よし、みんな集まれ。ちょっとだけ話をするからな」

❖出店ラッシュでポストを増やすんや

これが噂の川藤部長の演説なのだろうか。

「まずは三月までの後期ご苦労さんでした。柳田店長のもと、がんばってはもらったんやが、残念ながらまたも不動産担保店で最下位。個人的にがんばった社員も何人かいるが、やっぱり店の成績があがらんとどうしようもない。オレの考えとしては、札幌・仙台・東京・名古屋・大阪・福岡の中で、東京が一番悪いっていうのはどう考えてもおかしい。競合他社が他の地区より多いという事情を考慮しても、市場規模や地価の単価を考えたら、東京が一番にならなおかしい。会社的には不動産担保ローンを他の大手消費者金融を追い越す最大の武器だと位置付けている。その中でもオレたち不動産担保ローン部は、社内的にも先陣をきって営業成績をどんどんあげて突っ走らなあかん。そのためにも東京店は一層の努力をせなあかんで。なあ柳田店長」

「は、は、は、はい」

「オレの構想としては、不動産担保ローン部で専門店を全国約五十店舗に出店したい。そうなったらここにいる社員らが、各県の店長となって活躍してもらうことになるんや」

おお、そんな壮大な計画を考えていたのか。そうなったら僕もすぐに店長として昇進できる。今の状況では、店長ポストが六つしかないので、上が詰まっているから当分は平社員のままだろうとあきらめていた。さすがは川藤部長。なんだか期待できるぞと思った。

「ただみんなもよう知ってるように、無担保ローン店でも不動産担保を扱って成績をあげておる。もし無担保ローン店でうちより実績を伸ばすようなら、逆にうちの部の存在意義がなくなってしまう。そういった危機意識を持ちながら普段の業務に励んでもらいたい」

清原さんの言っていた通り、このままでいけばうちの部は消滅してしまうかもしれないのだ。

「それから、無担保ローン店との差別化を図るために、今月から広告による集客を辞めて、媒介業者からの紹介を中心にすることにしたのはすでにご存知かと思う。営業社員は一社でも多くの新規先を発掘し、新規媒介業者の開拓と既存業者とのパイプを密にしていくように。ただ気をつけなきゃあかんのは、パイプは太くなってもいいが、癒着はしちゃいかんぞ。貸金業法に違反しているような業者とは一切関わらないこと。癒着して業者と金品のやりとりを行わないこと。

営業成績アップのための改ざんや詐欺に関わらないこと。媒介業者と付き合うということは、そういうトラブルに巻き込まれるリスクがあることを忘れたらあかんぞ」

❖金は腐らんから金融業はぼろ儲けなんや

もうこの辺で川藤部長の話は終わりだろうなという雰囲気が漂っていた。そろそろ仕事にも取りかからなくてはならないといった感じだった。ところが、「これでひとまず事務的な連絡事項は終わりや。これからオレの金融業の鉄則講義を開くぞ」と、川藤部長は声高らかに宣言した。

僕にしてみればなんだかおもしろそうな話が始まるなっと思ったが、他の社員にしてみれば、何度も聞かされているのか、これ以上はうんざりっといった感じだった。

「今日はな、金融業の特性について話をする。今日のテーマはな、金は腐らんという話や」

金は腐らんって一体どんな話が始まるんだろう。

「金融業の商品は金だけや。在庫を気にする必要もないし、いつまでにさばかないとだめになってしまうという期限もない。食品と違って売れ残っても腐らん。作った商品を保管しておく倉庫もいらん。金融業は金が金を生むぼろい商売なんや。うちは中小の金融会社と違って、資金調達がうまくいってるから、いくらでも貸す金は用意できる。だから、良質な客をみつけ良質な不動産を見つけ、ばんばん金を貸すんや。そうすれば自然と金が金を生む。どんどん利益は上がる。営業であるおまえらの仕事は金を貸す相手をみつけることや。それができんと固定費ばかりかかって利益は生まれん。競争が激しいとはいえ、金にまみれたこの東京という市場で、他の店舗より営業成績が悪いとはどないなことやねん！　気合入れなおして、営業にのぞまんとあかんで」

金融業の扱う商品が腐らず、在庫を気にすることのない金なんだという話は新鮮に聞こえた。

ただ、こういう長い話があるから、蓑田主任や清原さんはさっさと外出したんだろうな。

おねーちゃんつけて場を和ませるんや

その日の夜、川藤部長が来店したということで、店長が幹事となって飲み会に行くことになった。これは何が何でも全員出席せよという店長の強いお達しと、会社の経費で落ちるということから、みなデモも起こさず無事全員参加となった。

しかしまあ川藤部長を含め総勢九名がすべて男。共通する話題といえば仕事のことしかなく、みなできる限り仕事の話はしたくないと思っても、いつのまにか話すことがなくなると仕事の話になっている。また部長や店長がいるから、上司の悪口を言って盛り上がるというわけにもいかず、飲んだくれて酔ってしまうということもできず、極めてどんよりとした一次会だった。

しかし日本にはこういう職場が多いのだろう。だからそこで考えられたのが若い女の子のいるキャバクラなのだろう。つまらん仕事連中の男同士で飲んでも仕方がない。ただ仕事上、つきあいやら接待やらは避けて通ることができない。そんな時におねーちゃんがいて酒が飲める場所というのが役立つのだろう。何もモテない男が寂しさまぎれに通いつめるだけではないのだ。

「二次会はいつもの店にいきます！」といつも口をとんがらがしているひょっとこ店長が、いつになくだらしなく弛んだ表情でうれしそうに言った。他の社員たちもこれを待ってましたとばかりに、今までとはうって変わって進んで店に向いはじめた。

僕はそんな店にいくのははじめてだったのでわけもなくドキドキしていた。一体どんなことが巻き起こるのだろうか、過度に期待していた。しかし店に入ったものの、他の社員が楽しんでいるのがどうもわからなかった。確かにきれいな女性がいるが、別にただそれだけだ。合コンだとか友達っていうわけでもなく、ただ金で雇われた見も知らぬ女性と気を使ってしゃべらなくてはならないのが苦痛でならなかった。座るところはふかふかのソファーで座りにくいし、お酒の種類は多くないし、おなかが空いているのに、でてくるつまみは量の少ないしょうもないものばかりだし……。

大学を卒業したばかりの僕には何が楽しいかがよくわからなかった。別に若い女の子だったら大学生の友達とかいるんだし、フーゾクのようにただ単純に性欲を満たしてくれるということもない。それだったらまだ岡田先輩や川藤部長の「金融業の鉄則」話でも聞いている方がはるかにおもしろい。そんな感想を一人抱いていた。

❖バカ騒ぎして団結心を高めるんや

しかしこういう場面になると人間の本性がかいまみえるようだった。ひょっとこ店長とゾウリムシこと野村さんは、四〇歳過ぎの独身だけあって、ただ隣に若い女性がいるというだけで異様な興奮状態にあるようだったが、何を話したらいいかわからず、とまどいをみせていた。

一方、もう結婚している蓑田主任と清原さんは、こういう場での遊び方に慣れているのか実に楽しそうだった。真弓主任と山野さんはあまりこういったことに興味がないらしく、適当に女の子に酒をつがせながら、二人で仲良く話をしていた。川藤部長も遊びなれてはいたが、そこに遊びなれない、きまじめな岡田先輩がいろいろ気を使っているのが妙に滑稽だった。岡田先輩にしてもまだ二〇代と若いだけに、別にわざわざお金を払って若い女の子と話すより、仕事の話とかをしたいんだろうけど、部長の手前もあって必死にそこに入っていこうとするのだ。僕はただどうしていいかわからず、そうやってみんなの様子を眺めることに終始していた。

でも実に不思議な現象で、こうして誰も一緒には話していないのに、こういう場にいたということを共有しただけで、妙に仲良くなった錯覚に陥るから恐いなと思った。誰も腹を割って話しているわけでもないし、ただおねーちゃんに向って、あることないこと適当にくっちゃべっているだけなのに、そこを出た後、この仲の悪い社員たちのまとまり感みたいな感情が、うっすらとだが生まれているのが不思議でならなかった。なにか話すことがないから、イッキやゲームをやったりして、みんなでバカ騒ぎして、本当は仲良くない集団をノリでその場限り楽しくさせる、今の若者とたいしてやっていることは変わらないのではないかと思ったりもした。

二次会が終わると、これでお開きとなった。しかし川藤部長は、後期の成績で一億円以上の融資をした真弓主任、山野さん、岡田先輩を呼びとめ、

「おまえらだけは成績優秀やったから、おれのおごりでもう一軒連れていってやる」といって、タクシーに乗り込み、夜の町に消えていった。

6 問題ある案件を融資してこそ高利のサラ金なんや

❖畑だろうが何だろうが、可能性のあるものは融資するんや

朝礼中、いつものごとく店長の話が長引いていた。店長の話のテーマはいつも決まって「できない営業マンへの批判」だった。「成績をあげていない営業マンは、店全体に迷惑をかけている」「死ぬ気でがんばれ」「ちょっとした努力と工夫で成績は伸びる」などと、具体的にどうすればよいかという観点が欠けたまま、明らかに蓑田主任と野村さんをターゲットに批判するだけで終わってしまうのだった。店長の熱弁中に電話が鳴った。電話を取ると、新聞広告を見た客から直接融資の申し込みだった。

「畑なんですけど融資できますか？」

畑？　マニュアルでは確か融資できなかったような、いや、でも住宅地内の畑だったら良かったとか、登記簿謄本上の地目が宅地になっていれば良かったとか、いろいろ複雑だったんだよな……。わからなかったので店長の熱弁中とはいえ、岡田先輩に声を掛け、助けを求めた。

「岡田先輩、客から融資の問い合わせでわからないことがあるんですけど……」

その時だった。

「八木君、自分でやりな！」

熱弁をふるっていたはずの店長が、突如僕に向って叫んだ。

「八木君、もう入社して一ヵ月がたつんだよ。いつまでも先輩に頼ってないで、客に対応しなきゃだめだ。教育期間とはいえ、そろそろ働いてもらわないと困るんだよ」

店長の熱弁中に邪魔が入ったのはまるで僕のせいだといわんばかりに怒られた。でもどうしよう。畑で融資できるのか、僕にはわからないのだ。とりあえず場所を聞いてみようと思った。

「物件の所在地はどこになりますか？」

「栃木のA町なんですけど」

A町なんて聞いたこともなかった。東京周辺ならともかく、栃木で聞いたこともない町の畑じゃ融資は無理だろうと思い、「その場所で畑だと融資はできませんね」と僕が答えた時だった。

「なんで断るの？」

「いや、その、栃木の郊外で畑だというものですから」

「金額によっては融資できるかもしれないだろう！」

「でも、その、畑は無理なんじゃ……」

「いいからススメテ！」

なんのこっちゃ。でも、とにかく店長命令だ。僕はあわてて物件の詳しい内容と客の内容を聞き、評価を出して折り返し電話することにした。

❖融資する方法を考えるのが金融マンの仕事や

「八木君、ちょっと」

やばい。店長がひょっとこモードになって口をとんがらがせている。異常に怒っている証拠だ。

「東京店は今、非常に厳しいんだよ。だから今月はなんとしてでも成績を挽回しなくてはならない。そのためにはね、畑だろうが何だろうが、可能性のあるものはやらなきゃいけないんだよ！」

ひとまず近くの公示価を調べると、住宅地で十万円。畑だと五万円ぐらいだった。とりあえず店長ではなく岡田先輩に相談してみようと思った。

「岡田先輩、二百坪あるんで、坪五万円として担保評価一千万円。二百万円だったら楽勝ですか？」

「八木君な、常識で考えてみ？　確かに机上ではそうなるけど、こんなへんぴな地域で、畑に一千万円も出して誰が買うねん？　いいとこ五百万円ぐらいの価値やな」

「五百万円でも融資額が二百万円なので掛け目四十％で融資ＯＫじゃないですか」

「単純にいうたらそうやけど、厳しいよな。取引もない地域だろうしな。流通性がないから、掛け目の問題でなくやめといたほうがええで」

僕と岡田先輩とのやりとりを逐一聞いていたのか、店長が割って入ってきた。

「岡田君、簡単にあきらめちゃだめだ！　ちゃんと調べて！」

岡田先輩は渋い顔をしていたが、僕はこれが記念すべき契約第一号になるのではないかと思い、やる気がでてきた。店長の案件をあきらめない姿勢が僕にうつったのかもしれない。

栃木のA町に一番近いナルシンの支店に頼んで、この付近の住宅地図を送ってもらうことにした。送られてきたファックスをみるとビミョーな感じだった。近くに小学校があり家もそこそこ建っているが、畑もたくさんあり、何とも判断しかねるところだった。僕はその住宅地図を、岡田先輩ではなく店長に直接持っていくことにした。岡田先輩に相談してもどうせ店長が聞き耳たてて横槍入れてくるのだから、店長に直接聞いてしまった方が早い。

「八木君はどう思う？」

「ちょっと厳しいんじゃないかなと……」

「あきらめるには早いよ。小学校がすぐ近くにあるし、現地に行ってみないとわからないね。融資できるかどうか調べる価値はあるんじゃない？　すぐに客と連絡とって申込して」

「はい！」

「いい、八木君。すぐあきらめちゃいつまでたっても融資はできないよ。融資するために何をしたらいいかを考えるんだ。それが営業マンってもんだろう？　悪い案件でも審査に通すためにはどうしたらいいか、なんとか融資する方法はないかを考えるくせをつけて！」

申込人は影千代恵、男性で五十五歳。印刷会社勤務のサラリーマンだ。今、住んでいるのは横浜で、息子家族と一緒に住んでいる。住んでいる家は息子名義のため、自宅は担保にできない。昔、親が住んでいた栃木のA町の畑だけが自分所有の不動産だということだ。

影千代さんと連絡を取り、申込するアポイントを取った。申込場所は息子夫婦にはばれたくないので自宅はまずいという。喫茶店で申込しようと思ったら、それに店長が文句をつけた。

「一人ではじめてやる申込なんだから、うちの無担保ローンの横浜支店にしなさい！」

と言われて、影千代さんに電話して申込場所を変えてもらった。

❖サラ金店舗の受付は美人ぞろいなんや

横浜支店は典型的なサラ金的立地にあった。駅から近いごみごみしたビル群の中で、ひときわ細い汚らしいペンシルビルの六階。そこにはでかでかと「五十万円までスピード融資のナルシンファイナンス！」と看板が目立っていた。しかもこのビルは三〜七階まで全部サラ金なのだ。

自分がサラ金から借りるわけではないのに、ビルに入っていくのにものすごく抵抗感があった。「僕はここにお金を借りにきたんじゃありません」と周囲の目を気にしながらそそくさと入った。サラ金の社員でもこんなに入りにくいのだから、一般人はもっと入りにくいに違いない。乗り合わせたエレベータの人が、みんな借金するために来た人だろうかと思うと、なんだか恐くなった。

無担保ローン店に僕ははじめて入った。お店の脇には無人貸出機「ナルシスくん」が置いてあった。そりゃ、みんな無人機の方が抵抗なく借りれるよな。しかし店に入ると驚いた。後ろ暗さはなく、「サラ金」というイメージもない。銀行の窓口みたいなのである。自分の会社の店に入って驚くというのもなんだが、全然サラ金という感じがしないのだ。

カウンターには二十代のかわいい女の子が並び、お客さんの相手をしている。脇にはドリンク入れが置いてあり、そこからジュースやコーヒーなど、自由にお客さんはもらえるようになっている。カウンター席以外にも待つための席があり、そこには雑誌や新聞がきれいに並べられている。店のあちこちにうちのキャラクターである「ナルシスくん」グッズが置いてあり、サラ金というイメージには程遠い。ポスターにはうちの制服を着たかわいい女性が、「あなたのお手伝いをしてあげたいの」と言っている。これなら銀行と変わりない。違うのは外観と利率だけだ。

僕と同じ年ぐらいの女の子が笑顔で「いらっしゃいませ。ナルシンのご利用ははじめてですか？」と明るい挨拶をされ、僕は思わずとまどってしまう。僕は借りにきたんじゃないのだ。

「不動産担保ローン部東京店の八木と申します。今日は申込のためにカウンターを貸していただきたいんです」とこわばった表情で一挙に言った。

なんだ客じゃないのか、と一瞬落胆とも安心とも思える表情をみせた女の子は店長を呼んだ。

「不動産担保ローンのお店の方ですね。店長から話は聞いてます。どうぞ、カウンターへ」

店長というからどんな偉い人なのかと思いきや、僕のわずか二、三歳年上の男性が出てきたのに驚いた。店長がこんなに若いなんて……。そういえば清原さんがこんなことを言っていた。

「無担保ローン店は無人機ナルシスくんの大ヒットで、驚異的な利益をあげてる。だから新規の出店ペースも早く、どんどん店長ポストがある。二十代の社員が店長になっているところも多いんだよ。無担保ローン店に異動した方が絶対出世は早いね」

二十代の人がサラ金の店長なんて、イメージは随分と変わった。こわいおっさんが出てくる時代とは違うのだ。むしろ店に出入りしている客の方がはるかに恐かった。若いスタッフでこんなひとくせもふたくせもある客から、きちんとお金を返させることができるのだろうかと不思議に思ったが、取り立てに詳しい清原さんがこう解説してくれた。

「無担保ローン店で大声張り上げていたら、客がビビって借りなくなっちゃうだろう。だから取り立てはまとめて取り立てセンターでやってるんだ。貸す時は若いおねーちゃんを窓口にさせ、その管理は若い男性店長がやり、取り立ては熟練の社員がやる。よくできてるよ」

❖高利に手を出してるから利息の感覚がマヒしてるんや

カウンターではじめての申込に緊張しながら待っていると影千代さんが訪ねてきた。どんな人が来るのか内心ドキドキしていたが、いい人そうで安心した。影千代さんはこの手の申込書に書きなれているのか、ごねることもなく、何か質問してくることもなく、さっさと紙に書いていった。申込書を書き終えた段階で、影千代さんが、「利率っていくらになりますか?」と聞いてきた。きっと聞かれるだろうと思い、店長に事前にどのぐらいになるか聞いておいた。店長いわく、「金額が少なければ少ないほど金利は高くなる。それから物件が悪くなればなるほどリスクを負うから、金利は高くなる。二百万円で畑となると、うちの担保ローンの金利上限の二十四%ぐらいになるかもな。もし客の内容が良ければ二十%ぐらいになるかもしれないけどな」

影千代さんに説明した。「二十四%」なんて高い金利を言ったら、融資の申込をしないとか言われるのではないかとびくびくしていたが、なんとこの金利で影千代さんは喜んでいた。

「助かりますね、二十四%になれば。今、他のサラ金三社から百五十万円を三十六%で借りてるんですよ。二十四％になるんだったら随分楽になりますねえ」

なぜそんなに高いのだろうか。僕は不思議でならなかった。うちの無担保ローンで借りたら、どんなに悪いお客さんでも上限は三十％である。大手消費者金融から借りたってそんなものだ。

「三社から借りてるサラ金の会社名をここに書いていただけますか」

書いてもらうとどれもあまり聞かない名前ばかりだった。なぜ大手ではない、あまり名の知れないサラ金から借りているのか不思議だったが、まあそういう人もいるのだろうなとだけ思った。

「それでは、電話で話しておきました源泉徴収票と給与明細三ヵ月分をみせてください」

見ると月に二十万。年収で三百万円程度だった。勤続二十年で中規模な印刷会社勤めにしては、あまりに少ないのは、嘱託社員だからなのだそうだ。あとは書類を集めるための委任状を書いてもらって、無事申込終了となった。

「とにかく早くしてほしいんですよ。早く審査お願いね」といって影千代さんは帰っていった。

はじめての申込を無事に終えて、なんだかもう一件契約を獲得した気分で帰ってきた。

❖延滞事故を起こしているから、大手サラ金は貸さなかったんや

この案件はすんなりうまくいきそうだ。僕は意気揚揚と信用情報を取得した。三件百五十万円の借り入れが出てきた。ところが、クレジットカード業界のブラック情報を調べると、なんと事故が一件出てきてしまった。

「店長、事故が出てきてしまいました。もう無理でしょうか」

「またすぐあきらめる！　内容はなんだ？」

見ると半年前に延滞事故を起こし、三ヵ月後に完済となっている。

「多分、クレジットカードのキャッシングで返済につまずいて長期延滞をしていたんだろう。でもきっと今借りてるサラ金の金で返したから三ヵ月後に支払いができたんじゃないか」

なるほど。それにしてもわずかな資料だけでこれだけわかるなんてすごいなと感心した。

「八木君、今のサラ金の借り入れ先みておかしいと思わなかった？」

「ええ、なんで高い金利のところで借りてるのかなと……」

「いいかい、そうやっておかしいと思ったことを客から聞くのが申込なんだよ。ただ単に申込書記入させるだけじゃ何の意味もないんだから」

確かに言う通りだった。おかしいなと思った時点で聞くべきだったのだ。

「クレジットカードの事故があったから、大手サラ金は貸さなかったんだよ。でも高金利業者だったら、事故起こしても多少のリスク覚悟で貸したんだろうね」

「なるほど」

「担保があるとはいえ、所詮畑だし、これだと厳しいな」

「やっぱり無理でしょうか？」

「あのね、八木君、なんですぐ無理っていうの？　保証人つければどうにかなるだろう？　何が何でも融資するんだって気持ちがないからそういうこというんだ」

「でも、その、息子夫婦には内緒って言ってましたし……」

「誰が保証人は息子夫婦じゃなきゃだめって言った？　奥さんでもいいし、兄弟でも親戚でも親でも友達でも誰だっていいんだよ。たかだか二百万円なんだから。客に電話して誰でもいいから連帯保証人つけるように頼んで！」

電話すると、奥さんを連帯保証人にすることでOKが出た。パートで月十万円というが二百万円の融資で担保もあるので、それでも大丈夫だろうということになった。翌日また横浜支店のカウンターを借りて、今度は奥さんの申込をした。

❖金融の仕事は泥くさくて原始的なんや

会社に帰ってきてから影千代さんの奥さんの信用情報をすぐ取得したが、事故も借り入れも何も出てこなくてほっとした。店長の了承をもらい、不動産鑑定士に担保評価の依頼した。

「そしたら、八木君、次は何やるかわかってるか？」

「現地に行って不動産を調査し法務局に行って謄本と公図と地積測量図をあげてくることです」

「固定資産税の評価証明と納税証明も忘れるなよ」

ということで栃木の畑調査に行くことになった。一日がかりの仕事となりそうだ。朝早く家を出て、電車を乗り継ぎ、まず向ったのは法務局。田舎の法務局のせいか、岡田先輩と行った時のような混み具合はまったくなかった。すぐ謄本を出してくれ、公図も地積測量図もすぐに取れた。次にまた電車を乗り換え、畑のある最寄駅に向う。東京から離れるとこんなにものどかな風景が広がっているのか、と田園風景をのんびり眺めていた。しかしこんなにのどかな田舎では畑一つで融資するのはやっぱり厳しいんじゃないかとも思った。

最寄駅に到着したものの、駅前には何もなかった。店長の口車にのせられてここまで来たけど、到底担保価値などないのではないかと不安に思った。だいたい不動産屋も見当たらないのだ。とにかく現地に行き写真を撮ってこなくては。物件所在地はここから車で二十分ほどのところだ。ラッキーなことに駅前に止まっていた一台のタクシーにあわてて乗り込んだ。

タクシーに乗って二十分もすると小学校の前に着いた。小学校は高台にあり、そのまわりにはぽつぽつと家が建っていた。これはいけるかと思って地図を見ると、学校から坂を下った方に担保となる畑があるようだ。そちらをみると、畑一面が大地に広がっていた。

「これは厳しいかな」と思った時、思わぬものを発見した。電信柱に「ただいま新築分譲中、百m先！」という看板があったのだ。それを見ると、坪三十万円ぐらいで売り出していた。高台の方とはいえ、これから家が建つ雰囲気があるというだけで好材料だと思った。

さて問題は、学校の下に広がる畑地帯の中で、影千代さんの畑を探すことだ。住宅地図では探せないので、公図をたよりに道をたどっていき、対象物件と思わしき場所を探しあてた。

僕はカメラ片手に影千代さんの畑と思わしき場所に足を踏みいれ、境界の杭を探すため、ちょぼちょぼ生えている草をかき分け、土をほじくりかえし、杭探しに専念した。高台にある小学校の下に広がる畑地帯に、スーツ姿の若い男がカメラ片手に畑をうろうろしている。こんなあやしい光景はないと我ながら思う。金融の仕事がこんなにも泥くさくて原始的だとは思いもしなかった。でも境界がはっきりしなければ融資できない。

担保物件の確認を終えると、次は町役場に向かった。タクシーを電話で呼び出し、畑地帯を走ること二十分。小さな町役場に到着。固定資産税納税証明書と固定資産評価証明書を取得した。納税証明書は未納もなく何の問題もなかった。これで現地でやるべきことは終わった。東京に着いたのは夜二十一時を回っていたので直帰することにした。

❖営業成績のために、何が何でもねじこむんや

翌日、店長に畑調査の報告をした。物件の写真を店長に見せると、「二百万円だから大丈夫じゃないの」と言ってくれた。不動産鑑定士から上がってきた担保評価は、坪七万円、百坪で総評価七百万円で、二百万円融資するには十分だった。地元の不動産業者に電話して聞き込みしても、だいたいどこも坪六、七万円という回答を得ていたので、物件的には問題なさそうだ。

人間面に関しても、旦那は事故歴があるが、今はどこの返済も遅れていないし、収入も月二十万円程度ある。あとパートで月に収入が十万円ある奥さんも連帯保証人に入るのだから問題ないだろう。はじめての融資の稟議書も問題なく書け、店長から何か書きなおしをされることもなく、簡単に店長印をもらえた。まだ入社して一ヵ月。それで早くも契約一件成約になればすごいだろうなと、僕は勝手によい想像ばかりをしていた。

影千代さんの稟議書を提出した翌日、審査から影千代さんの件で店長に電話が掛かってきた。随分早い回答だったことに驚き、まさかもう決裁が出たのではないかとウキウキしていた。

社内には稟議をあげてから二十四時間以内で審査するというルールがあった。これは、競合他

社に負けないための一つの戦略だった。単に利率が高いか安いかだけでなく、審査スピードも客が借り入れ先を選ぶ時には大きなポイントとなるからだ。金利が高くても早く金が欲しいという客はいくらでもいる。だから、ちんたらやっている銀行以外の金融会社が成り立つのだ。

審査との電話が終わると店長に呼ばれた。

「影千代さんの件だけど、はっきりいってすごく厳しいわ。審査はね、栃木の田舎町の畑なんて到底流通性があるとは思えないから、一円も貸せないって」

「ええ！　そんな……」

「まあまあ、ちゃんと最後まで話を聞いて。それでもう一度、地元の不動産業者に聞き込みしてその調査書をあげて審査してもらうことにしたから」

また調査か。こんなこと何回やっても同じではないか。もうだめならだめって言ってくれた方がいいのに。でもとりあえず店長の言われた通りにするしかないと思い、もう一度地元の不動産業者に電話の聞き込みを行った。

「八木君、今なんか案件やってんの？」と清原さんが聞いてきた。

「ええ、二百万円の畑の案件なんですけど」

「八木君もとんだ目にあってるな。いくら二百万円でもどう考えても、そんな田舎町の畑なんて担保価値ゼロだぞ。さっさとやめたほうがいいな」

「でも店長が……」

「あの店長、先月もぼろくそ成績悪かっただろう。もし今年の半期で成績悪かったら、間違いなく店長降格だろうから、それで必死に件数集めに走ってるんだろう。でも畑は厳しいな」

僕はどうしようもない案件に手を出してしまったのだろうか。でもいまさら何を言ってもしょうがない。もう書類も集めたし現地調査に行ってしまったのだから。

店長から言われた聞き込み調査をした。ポイントは、この地域でどのぐらいの頻度で取引があるかという流通性の点と、いくらならすぐに金になるかという換価性の点の二点だった。電話で聞き込むと、不動産屋によって捉え方はまちまちだった。

「あの辺で取引あったってあまり聞いたことないですね」とか「畑は扱いたくないですね」というところもあれば、「あの辺では住宅地売るより農地売った方が賢いですよ」という不動産屋もあった。これはいいと思い、詳しく聞いてみることにした。

「だって考えてもみてくださいよ。あの町に引っ越ししてくる人は、よほどの事情がない限り皆無ですよ。だから住宅地建ててもなかなか売れないと思います。ただ昔から地元で農業営んでいる人は多いから、そういう人たちが買うとしたら農地でしょうね」

「坪いくらぐらいで売れますかね」

「坪五万円ぐらいが普通でしょうが、すぐに金に換えたいのであれば、坪四万とか坪三万とかにすれば、隣接している農家が買ってくれるんじゃないですか」

これならいいのではないか。早速、報告書を作成し、審査に送ることにした。

❖サラ金はスピード審査が命なんや

予定より随分審査が遅れているので、影千代さんからひっきりなしに、「どうなってるんだ。まだか」と電話が掛かっていた。その度にただ「もうちょっと待ってください」と言うしかなかった。店長から審査に催促してもらったが、審査からの回答が来たのはその二日後だった。審査からまず言われたのは、希望の二百万円は満額でないということだった。

「どうも審査はこの案件、はじめっから良く思ってないらしいんだよ。聞いたこともない田舎町の畑で、申込人は事故歴もあるし、収入があるというわけではないし」

「そんな……。だ、だって店長がいけるって……」

「とにかくいくらかは出してくれるってことなんだから、がんばって客に話つけてごらん。それが営業の仕事なんだから」

「は、はい……」

「それで、審査からの追加調査はね、二百万円は無理だから減額調整してくれってことだから」

どうも審査はのっけからこの案件は関わりたくないと思っているのではないだろうか。岡田先輩にそのことを言った。

「審査の担当者誰や？」

「多分、店長が話していたのは和田係長だと思うんですけど」

「それは災難やったな。あいつの審査はひどいことで有名なんや。元大手銀行にいた奴らしくてな、プライド高いだけで、いちいち細かいこと言って、何にもやらん、しょうもない奴や」

「なんでそんな人が係長なんですか？」

「営業サイドから見たらカスみたいな奴やけど、審査部の上司からみれば、事故率の少ない優秀な担当者いうことになるんや。審査は営業と違って件数勝負やない。自分が判押した案件の事故率が低いかで評価されるんや。だから和田係長みたいに、あやしいのはなんでもかんでも断って、問題のない案件だけ判押してれば成績はいいってわけよ」

「もう影千代さんの案件難しいですかね」

「減額調整っていってきたんやろ。それなら見込みはあるほうや。まあ今回は運が悪かったけど、仕方がないからまどろっこしい審査につきあってやるしかないわ」

ということで影千代さんに減額の調整をすることにした。

❖金が出ることをちらつかせて減額交渉をまとめるんや

影千代さんに電話を掛けるとうれしそうに、「もう決まりましたか？」というので、すごく言いにくかったが「二百万円満額は難しい」という話を切り出した。

「はあ？　こんだけさんざん待たせて希望の金額出ないってどういうこと？」

「本当に申し訳ありません。いろいろと難航してまして……」

「それでいくら出るんだ？」

「いや、それで影千代さんに電話したのは、最低いくらあれば足りるのか聞きたいのですが……」

「だから二百万円希望って言ってるだろう」

「いや満額は無理ということで……」

「だったらいくら出るんだ。こっちに聞くなんて筋違いだぞ。二百万円無理なら、いくらまでなら出せるか先に言えよ。こっちにいくら必要ですかって聞くのはおかしいんじゃないか」

「あ、は、はい。わ、わかりました。もう一度審査に聞いてみます」

なんで僕が怒られなくてはならないんだ。でも影千代さんの言う通りだ。こっちで審査してたとえば百八十万円まで出せますがどうでしょうかというならわかるが、満額は出せないがいくら必要ですがと聞くのも変な話だ。店長に影千代さんからいくら出せるか、うちから金額提示をするのが筋だという話をした。ところが、

「何言ってるんだ、八木君！　債務者の言うことばかり聞いていたらしょうがないだろう。いくら必要なのか聞いてこない限り審査と調整のしようがないんだから、客に金額を聞いてこい！」

とつっかえされてしまった。客からは怒られるは、店長からは怒られるは、なんて損な役回りなんだろう……。なんていって影千代さんに金額を聞けばいいんだろうか。どうしようかと電話の前で考え込んでいると、岡田先輩がアドバイスしてくれた。

「資金使途は借り換えだけなんやろ。だったら今借りている正確な残高教えてくれませんかって言うたらいいんや。まともに聞いたら客が怒るのも当たり前や。審査から言われたことそのまま言ったらあかんで。そのための営業やんか。客をうまいこと盛り立てながら、しっかり八木君がコントロールせなあかんで」

さすが岡田先輩。いつもいいタイミングでフォローしてくれる。あらためて影千代さんに電話し、二百万円は無理かもしれないが、金額は多少減っても融資の話がまとまりそうなので、今、借りている三社の正確な残高を教えて欲しいといったら、「なんだそういうことなら聞いてみよう」といって、すぐに借り入れ三社の現時点での正確な残高状況を教えてくれた。

❖借金のまとめなんやから、余分な金は残らないんや

改めて審査に希望金額を申請するために計算したところ、三社の借金百六十万円、事務手数料二％で四万円、鑑定代七万円、印紙・公正証書三万円、登記費用七万円で合計約百八十万円となった。この金額を店長に伝えると審査に電話を掛けてくれた。二十万円減額したのだからすぐに話はまとまるだろうと思っていたが、店長と審査はかなり電話でもめていた。

「お願いだから頼みますよ、和田係長。新宿店はほんと営業成績苦しいんですよ」

長電話の末にやっと店長は電話を終えた。

「八木君、百八十万円、三年三十六回払い、金利二十四％。これで調整してみてくれる？」

「決裁が出たんですね。あ、ありがとうございます！」

自分一人ではじめてやった案件で決裁が出て、うれしくて仕方がなかった。苦労したものの無事に決裁が出たのだ。これでめでたく僕の融資第一号になる。僕はすぐ影千代さんに電話した。

「決裁が出たんですよ。それでご連絡したんですが」

影千代さんも大喜びするだろうと思い込んでいた。ところがその反応は予想外に悪かった。

「で、条件は」

「百八十万円、三年三十六回払いの金利二十四％なんですが」

「二百万円なきゃ足りないだろう」

「計算すると百八十万円ですべて収まるんですよ。これで三社のまとめができますよ」

「そんな条件じゃどうしようもないだろう。第一、金利二十四％ってどういうことだ？」

「いや、でも、今、借りてるサラ金の金利は三十六％じゃないですか。それから比べればかなり利率は安いと思いますが」

「まあいいや。今、俺は、あんたんとこあてにできないから他あたってるんだ。悪いけどそんな条件じゃ話にならないから。じゃあ！」

と言って電話を切られてしまった。せっかく決裁が出て大喜びしていたのに、まさか断られるとは……。僕はがっくりきてしまった。

影千代さんとのやりとりをずっと聞き耳を立てていたのか、店長は怒った表情で僕をにらんだ。

「実は……」と影千代さんのやりとりを報告すると、店長はものすごい形相で、「影千代さんの電話番号は！」と叫んだ。まさか店長が直接電話を掛けるのだろうか。店長が冷静に話してくれるのならありがたいが、ヒートアップ気味の店長で大丈夫だろうか心配になった。

「八木君、電話番号は！」

僕が返答に困っていると、店長は口をとんがらがせた必殺ひょっとこ面になって、僕をにらみつけた。もう、こうなってしまってはどうしようもない。店長に任せてみるしかないかとあきらめ、電話番号を教えた。店長は迷うことなくすぐ電話を掛けた。

「あのね、影千代さん、田舎の畑で百八十万円も金出すとこなんて他にどこもないですよ。もういい加減うちに決めたらどうですか」

「まったくわからずやだな。他にこの担保で金出すとこなんかないですって。いい加減、目を覚ましたらどうですか」

「あのね、バカを見るのは影千代さんですよ。事故歴もあるわ、担保はひどいわで、それでこんないい条件で融資するって言ってるのに。自分の立場をわきまえた方がいいんじゃないですか」

あきらかに影千代さんと言いあっている様子だった。しかもそれを頭ごなしにつぶしていく。こんなこと言っていたら、融資の話はまとまるどころではなさそうだ。そして店長は最後に、

「あんまりぐだぐだ抜かしてると、もっと条件悪くなりますよ。頭冷やしてよく考えなさい！」

と店内中に響く大声で叫んで、電話を叩きつけたのだ。ああ、僕の苦労したはじめてのお客さんが……。しかし店長は「俺ががつんと言ってやったから」と自信満々で立ち去っていった。

❖客との駆け引きは恋愛みたいなもんや

ああ、せっかくの初契約だと思ったのに……。もうこれで完全に影千代さんはなくなったなと思った。すっかり意気消沈してしまった僕に、岡田先輩は、「店長の言い方はひどかったけど、大丈夫や」と言ってくれた。

「店長の言う通り、あんな物件で金出すとこなんてうちかゴーゴーファイナンスしかあらへん。

でもゴーゴーに頼んだら金利は三十％ぐらいになるしな。そうなったら影千代さんはうちに泣きつくしかあらへん。ああやってたまには客を突き放してもええんや」

本当にそんな突き放した言い方しても客はうちに契約したいと思うのだろうか。

「いいか、客との駆け引きは恋愛みたいなもんや。時には怒ったり突き放したり、相手をじらすんや。でないと相手はいいことばかり言ってもだめなんや。ただ相手に気に入られようとして、いいことばかり言ってもだめなんや。でないと相手は高飛車になる一方や。客がどうしても必要なのは金や。だから絶対にそのうち戻ってくるで」

きっと僕は契約を取りたいがために客に対して下手に出すぎていたのかもしれない。

「借りたい奴は腐るほどおるけど、借りられる奴をうちらは審査して選別してるんや。他の商売の営業とは違って客を選んでいることは忘れちゃあかんぞ」

客を選ぶ商売……それが金融か。僕にこの先、サラ金が勤まるだろうかと不安になった。

❖金が欲しいから絶対、客は戻ってくるんや

店長が影千代さんに逆切れ電話をかけてから二週間が過ぎた。ここまで連絡がないのはもう完全にダメになってしまったんだろう。ところが、影千代さんから僕宛てに電話が掛かってきたのだ。

「あ、八木さんですか。どうも、どうも。あの、融資の件なんですけどね。まだ大丈夫ですよね」

「審査で正式決裁が出てから一ヵ月まで決裁は有効ですので、あと二週間まで大丈夫ですよ」

「他をいろいろ当たったんだけどね、どこもみんなひどいんだよ。結局ナルシンさんが一番条件がいいみたいだからね。至急欲しいんだ。すぐ契約して融資して欲しいんだけど」

な、なんと流れたはずの影千代さんが復活したのだ。

「それにしてもこの前電話で話したあんたの上司ひどいね。まったく口の利き方がなっとらん。担当が八木さんみたいな優しい人でよかったよ」

客に優しいと思われているうちは、金融の営業マンなんて勤まらないのではないか。客からなめられているだけではないか。これからは優しいだけではなく、客を引っ張っていけるような強さを見につけなくてはなと思った。

影千代さんの契約は岡田先輩についていってもらい、本人と連帯保証人の奥さん両方の契約を終えた。影千代さんの案件は、紹介業者が入っていない案件だったので、こちらでサラ金の返済を済ませてあとの残金は振込であっけなく融資が終わった。僕の記念すべき第一号案件となったのだ。

「八木君、やったな。すごいな。入社一ヵ月で融資したなんて快挙だぞ！」

融資金額は低かったし、いろいろあったけど、僕はうれしくてたまらなかった。僕の記念すべき契約第一号だったから。これからもがんばるぞと思った。

7　いい客がサラ金から借りるのは裏に何かあるはずや

❖年収一千万の大手商社課長なら、担保が悪くても貸せるんや

日本総合ファイナンスの福島さんから今、お客さんもいるから至急担保評価して欲しいという案件が舞いこんできた。すぐに評価しようと思ったら、なんとワンルームマンション三軒を担保にしたいという。岡田先輩にワンルームマンションでも担保になるか聞いてみた。

「築十五年の中古マンションでしかもワンルームか。厳しいな。申込金額は？」

「六百万円です」

「客の属性は？」

「えっと……、あっ！　大手商社の課長さんですよ。年収も一千万近くあります」

「なら、いけるんじゃないか。うちにしたら上客や。物件だけでなく、属性も考えなあかんで」

急いで三軒のマンションの売り出し価格を不動産屋に聞いてみた。どこも七百万円前後とのことだ。三つ合わせれば総評価二千万円になる。一番抵当は銀行から一千万円の抵当権が付いていて、借り入れ残金は三百万円。三百万円＋うちの借り入れ六百万円＝九百万円で、担保評価額に対する借り入れ比率は四十五％。不動産担保融資の基準はすべてこの掛け目で決まる。

「掛け目が五十％内に収まってればいいんじゃないか」

これならいけそうだ。福島さんに連絡すると、すぐ連れてきますということになった。差しだされた名刺を見ると、間違いなく大手商社の課長だ。うちから借りなくてもどこからでも借りられるのではないか。それが引っ掛かった。

「資金使途は何ですか？」

近江さんは全く口を開こうとせず、福島さんが代わりに答える。

「借り換えなんですよ。今、サラ金から五百万円借りてるんで、その借金のとりまとめですね」

「どうしてこんなに借りてしまったんですか？」

僕は不思議に思ったのでストレートに聞いてしまったが、とまどっているようだった。

「それはあとで私が聞いておきますので」と福島さんに促された。

近江さんが帰った後、福島さんから資金使途を聞くと、愛人に貢いだということだ。なるほど、そういうことか。だからこんな上客がうちに来たのだ。

❖「資金使途自由」は建て前にすぎないんや

ワンルームマンションを購入したのは、バブル時の資産運用のため。バブル全盛の時代は、みんな金余りで、それをさらに増やそうと、企業はもちろん、年収の高いサラリーマンも不動産投資に走った。ワンルームマンションを購入し、賃料収入でお金を運用した方が得になるし、資産にもなると、銀行やら不動産会社やらが誘いをかけ、一時期はそれで儲けたのだろう。

自宅は持ち家で十年前に買った世田谷にある一戸建て。住宅ローンの借り入れが三千万円残っているという。とはいえ、こんな上客なら楽勝だろうと思っていた。

ただ書類集めには時間がかかった。三つのマンションは別々の区にあるため、それぞれの区役所にいって固定資産税評価証明と固定資産税納税証明を取得し、さらに別々の法務局にいって登記簿謄本を取得しなければならなかった。区が違うからって別々の場所にいかなくてはならないなんて面倒だなと思った。自宅の謄本もまた別の法務局に取りにいったので、手間がかかった。

たかだが六百万円の案件といえども、かなりの書類量になった。なんとか自分の営業成績にしたいと思い、書類をまとめて稟議書も気合を入れて書いた。しかし、審査からの回答は思わしくなかった。「なぜこんな勤めのいい客がうちで六百万円も借りるのか」というのが最大の問題となっているらしい。広告では「資金使途自由」と書いてあるが、これまでサラ金で借りた資金使途を詳しく聞くよう審査から迫られた。さらに、妻を連帯保証人にするか、自宅を担保に入れるか、どちらかの条件を満たさない限り、融資はできないというのだ。

「審査が言うには、年収がいいけど、自宅にも住宅ローンがあるし、どうも奥さんに財布を握られているようだから、実際に近江さん本人が返せる金額っていうのは少ないんじゃないかなってことなんだ。だから収入のない奥さんでも保証人を取れば、返済のめどが立つ。それがどうしても無理なら自宅を担保にとっておけば、万が一支払えなくなった時も、奥さんが協力をせざるを得ないだろうっていうことなんだな」

「でも三つもマンションを担保に取っているんだからいいじゃないですか」

「所詮賃貸に出してるマンションなんて本人にしてみたらいたくもかゆくもないわけよ。自分が住んでいるところを担保に取られたら真剣に返済するだろうけど。まして都内の古いワンルームマンションなんて今時流行らないから、担保価値は低いってことだな」

審査から注文をつけられた点はどれももっともで、何ら言い返すことはできなかった。でも、奥さんを保証人にすることも自宅担保も無理に違いない。

とりあえず僕から近江さんに電話をするしかない。覚悟を決めて電話をした。案件を成立させるためには自宅を担保に取ることを了解させるしかない。奥さんの保証はまず無理だろうから。

「融資の条件として、自宅にも担保の設定をさせて欲しいんですが……」

「私は三つも担保を差しだしてるのに、自宅まで担保を取るっていうのはどういうことですか？」

「どれも中古のワンルームなので、現状の不動産需要としては低いので、担保としての価値はよくないんです」

「あんたの言ってることはよくわかるんだけど自宅担保は難しいよ。妻にばれちゃまずいからな」

「本部から自宅を担保に入れるか奥さんを連帯保証人にするか、どちらかと言われてるんです」

「まったく嫌がらせのような条件だな。保証人だったら誰かに頼めるのになあ」

「えっ！　ほんとですか？」

「ああ、うちの会社の部下でいいんだったら、連帯保証人になってくれる奴はいるんだけど」

店長に話をしてみた。これならすぐにOKをもらえるだろうと思った。しかし審査の返答は極めて慎重だった。「条件にない新たな保証人で融資するなら、まずその保証人の申込書と、内容がわかる書類がないと審査できない」とのことだった。

❖サラ金の連帯保証人になったら人生おわりや

近江さんに電話し、部下の保証人の申込日を調整してもらった。連帯保証人は近江さんと同じ会社に勤めていて、関係は元上司と部下なのだそうだ。見た限りまだ若そうだ。近江さんに言われるままに、どんどん書き進めていった。まだ二十五歳。それで六百万円もの連帯保証人になるなんて……。もし近江さんが払えなくなれば、この人が支払わなければならないのだから。

連帯保証人の朝倉さんの源泉を見て驚いた。二十五歳だというのに年収六百万円近くある。さすが大手商社だけはある。給料はとびっきりいい。これなら保証人としては十分だろう。

会社に戻ると朝倉さんの信用情報を取得する。もし朝倉さんにサラ金からの借り入れがいっぱいでてきたら、年収がよくても保証人としては不的確になってしまう。しかしサラ金の借り入れはなし。銀行・クレジットのブラック情報もなし。店長に報告すると、「よし、近江さんも今月につっこむぞ」と月の成績がちらつき始めたのか、いつになく乗り気だった。

近江さんの件で、審査と店長の長引く交渉の末、一つの妥協点が出たようだ。

「八木君、審査からね、マンションについてる一番抵当の銀行三百万円もうちの融資金で返して、融資額九百万円ならＯＫっていうけど、どうだろう。すぐ近江さんに聞いてみて」

「あれだけ支払いを心配していたのに、融資額が増えても審査としてはいいんですか？」

「担保保全の観点からいって、一番抵当もうちが返して一番で設定できるか、銀行の抵当残して二番抵当になるかはえらい違いだからな。問題は銀行の安い金利を返済することに、近江さんが同意してくれるかどうかだよ。下手したら借り換えの意味がなくなるから」

なるほど、そういうことなのか。やはり不動産担保というのは奥が深い。借りる側もあの手この手で必死だが、貸す方もあの手この手を使って必死なんだな。早速近江さんに電話をしてみた。交渉は難航するかなと思いきや、近江さんは二つ返事で、「銀行の借り入れも返して構わないですよ」と言ってくれた。近江さんが一番抵当の抹消に応じてくれたおかげで、あっという間に審査から決裁がおりた。融資金額九百万円、年率十五％、百二十回払い。担保物件はマンション三棟で一番に根抵当設定。条件は朝倉さんの連帯保証だ。利率が高いかなと思ったが、近江さんからこの条件でＯＫをもらった。

近江さんはよほど焦っているのか、すぐにでも契約したいというので、朝倉さんは別の日にして、近江さんだけすぐ契約することになった。店長は近江さんの契約について一言、注意した。

「この案件は普通の契約書と違うよ。担保となる物件が多いから、通常一枚で終わる契約書が二枚になってしまう。二枚になってもきれいな契約書になるよう、木本先生に作ってもらって」

司法書士の木本先生は丁寧に契約書を持ってきてくれ、新人の僕に驚くべき腰の低さで説明してくれた。

「このページのまたがった部分には、契約者の割印をもらってください」

いつもと違う契約書というから、すごく面倒なのかと思ったら、割印をもらうだけでいいのだ。岡田先輩も付き添ってくれるので心配はなさそうだ。

❖客の前で契約書を破らなくてもいいやろ

そしていよいよ契約。契約なんて住所と名前を書いてもらって実印ついてもらえばいいだけと思っていたが、いざお客さんを前にすると、僕は極度の緊張状態だった。先輩社員が何気なくこなしていたものの、契約書類の多さにとまどってしまった。

金銭消費貸借契約書。不動産に根抵当権を設定する根抵当権設定契約書、司法書士に委任する根抵当権設定委任状。この委任状は通常一枚だけでいいのだが、今回の場合、三つのマンションに設定するので三枚になった。三棟のマンション全部法務局の管轄が違うので、法務局ごとに一通ずつ作らなければならない。しかも、委任状一枚につき印鑑証明書を添付しなければならない。

あとは債務の返済代行依頼書。万が一うちが融資したお金で他の借金を返さないと、借金が増えるだけで返せる見込みがなくなってしまうので、本人に債務の返済をやらせず、うちで代行してやってしまう。ただそれをうちが勝手にやったことにならないように、客が依頼したという委任状を作成しておくのだ。とにかく書類が多い。近江さんもあまりの多くの書類にいちいち住所と名前を書いていかなければならないので、すごくいらいらしていたようだ。

それでもなんとかすべての契約書にサインをし終えた。岡田先輩がひとつひとつチェックしてOKを出してくれた時のことだった。店長がすっと僕らの応接室に入ってきて、契約書類を点検しはじめた。店長も心配してくれたのだろう。まあでも岡田先輩がそのためについているのだから大丈夫ではないかと思っていた時である。

ビリビリビリ！！！！

一瞬、何が起こったのか、僕も岡田先輩もそして近江さんもわからなかった。店長が形相を変えて僕をにらみつけ、契約を交わしたばかりの契約書をビリビリに破いたのである。

「ナ・ン・デ・カ・ワ・カ・ル！！！」

ものすごい形相で僕に問い詰める。いやいやそんなこといわれてもわからない。

「なんだ、この割印は！　はじめから注意しておいただろう。こんな割印で通ると思ってるの？」

どうも割印の押し方が悪かったらしいのだが、僕にしてみれば何が何だかさっぱりわからない。

「岡田君はこの業界何年やってるんだ?!　こんな割印じゃだめだ。もう一回やり直せ！」

ビリビリに破った契約書を机にばらまいていくと、店長は消えていった。

近江さんもその店長の態度に唖然としていた。僕もただ呆然としてしまった。岡田先輩はすぐ冷静さを取り戻し、契約書を作り直すと、店長にこれでいいかどうか確認を取ってくれた。

何が悪かったかというと、担保物件が多いために契約書に一枚紙が追加されたわけであるが、その紙がきちんととめられていないせいで、割印したにもかかわらずズレてしまったのだ。

❖上司の悪口いって酒を飲むのがサラリーマンの宿命や

契約は終わったが、ほろ苦い経験となってしまった。お客さんの前でビリビリに契約書を破られるのは、さすがに応えた。契約を終え近江さんが帰ると、僕は脱力感でいっぱいだった。そんな力ない僕の姿に気づいた岡田先輩が、一人で帰ろうとしていた僕を追いかけてきてくれた。

「今日のことはあんまり気にするんやないで。どや、ぱっと一杯飲みに行こうか」

今日は精神的に疲れたので早く家に帰りたいと思いつつ、どこかでストレスを発散しなければと思い、一緒に飲みにいくことにした。

こうして会社帰りに上司の文句をいいながら飲む。すっかりこの一ヵ月でサラリーマンになってしまった。ただ岡田先輩と話しているうちに、今日のもやもやは少し取れた。

「仕事にミスがあるのは当たり前や。それをどう注意したり怒ったりするかが問題なんや。別に割印の押し方間違ってたら、客の前じゃなく、違う場所で、ここが違うからこうするんやって言えば済むことやで。それをわざわざあんな風にするから、店長は部下からの信頼がないんや」

何も客の前で破かなくてもいいではないか。店長が契約書を破り捨てる光景が離れない。

「部下が上司の文句言うたらあかんって言うたけど、今日だけは特別や。あんなんだから店長はいつまでたっても部下から信頼されないんや。なんで上司らしく、もっと寛容な心で部下を受けとめてやれんのか。ほんとどうしようもないで」

温厚そうな岡田先輩だが、意外と喧嘩っぱやいらしく、去年は店長としょっちゅう言い争いをしていたのだと清原さんから聞いていた。

「でもどうせ店長なんてすぐ変わるんやから、店長のせいにして自分の仕事をしないのはあかんで。自分の成績はしっかり残しておかんと、上司が悪いからなんて言い訳は通用せえへんからな。でないと田中さんや蓑田主任みたいになっちゃうからなあ。ああやって店長の悪口ばっかいって、そのくせ成績はまったく上げないいんじゃや、どうしようもないからな」

そこが岡田先輩と他の社員との違うところだ。

「店長に何言われても自分が言い返せるように、正しい知識を一日も身につけることや。今回の件は俺が悪かった。俺が割印の仕方をきちんと知っていればこんなことにはならなかったんや」

店長を憎めないのは、店の中で不動産や金融の知識がピカ一だからだ。言い方や怒り方が悪いにしても、店長の言うことは正しいことが多い。

❖連帯保証人を説得するのが一番大変なんや

残るは連帯保証人の朝倉さんの契約だった。

「ではまず金銭消費貸借契約書からですね。近江さんから話は聞いていると思いますが、銀行も抹消することになったので、六百万円から九百万円になりました」

「はあ？　近江さん、話、違うじゃないですか。六百万円の連帯保証だっていっていたのに、九百万円の借り入れなんて話、聞いてないですよ」

「いくらの保証だろうが払うのは俺だから心配しなくてもいいんだよ」

「突然三百万円も借り入れが増えて、実印押して契約しろなんて無理です」

一瞬、その場にいる近江さん、僕、ついてきた岡田先輩は凍りついた。静まりかえった中、近江さんが再び朝倉さんを説得に乗り出したが、絶対に首を縦にふらない。

「いくら近江さんの願いといえども、聞いてない話にいきなりサインしろなんて無理ですよ。今日は僕、サインする気はないんで、ナルシンさんは帰ってくれますか」

「わかりました。では、今日は一度社に戻ります。また改めて出なおしますので」

と岡田先輩は僕を促し、すぐ帰ることになった。正直、岡田先輩が朝倉さんを説得してくれるものだと思っていたので、あっさり帰ってしまうという選択をしたのは意外だった。

「あそこでうちらが長居すればするほど、余計朝倉さんは拒否するだけやで。あとは近江さんに説得をまかせる以外ないやろ」

会社に帰ってきて店長に契約できなかったことを報告すると、えらい剣幕で叱られた。

「なんで、保証人のサインなしでのこのこ帰ってきたわけ？」

「す、すみません」

「すみませんじゃなくて、なんで今日契約できなかったの？」

ひょっとこ店長はいつになく目をひんむいて怒鳴り続けた。

「あのね、これはね、遊びじゃないんだよ。仕事なんだよ。八木君に給料払ってるんだよ。ただできませんでした、いつになるかわかりません、で、社会人として通月すると思ってるの？」

店長の言うことはもっともだ。でもあの場面では仕方がなかったのだ。保証人が断固拒否して近江さんだって面食らってるのに、いつ契約できますかなんて聞けるような状況ではない……。

「で、今月中にできそうなの？　どうなの？」

「保証人さえＯＫしてくれればすぐにできると思いますが、保証人が万が一説得できない場合は、案件自体が流れてしまうかもしれません」

「困るんだよ、そんなんじゃ！　もう川藤部長にも今月確実に融資できるって報告してるんだよ。それで今月の成績見込みも出してるんだよ。どうしてくれるんだ！　何が何でも客を説得して！」

近江さんに電話をしてみるが、まだちゃんと保証人の朝倉さんの話をしていないということで、しばらくはどうなるかわからず、案件はストップしてしまった。店長はあと三日待って何の進展もなかったら、俺から電話すると宣言した。

店長との期限であるギリギリになって近江さんから電話が掛かってきた。

「八木さん、保証人説得できましたので、すぐ契約に来てください」

「ほんとですか！　もちろんすぐいきます」

早速、近江さんの保証人・朝倉さんの契約に行った。一度、だめになっているだけに、スムーズに契約が終わるか不安だったが、あれだけ強硬に反対していた朝倉さんが、あまりにすんなり契約に応じてくれたのが不思議でならなかった。朝倉さんはたかが保証人と思っている節があるが、もし近江さんが払えなければ、容赦なく取り立てされるのだ。ただうちとしても騙して契約させたという印象を与えないために、朝倉さんにも言っておいた。

「何かあった場合には連帯保証人である朝倉さんにも電話がいく可能性がありますので」

「ええ、大丈夫ですよ。私がきちんと払いますから」

誰もが契約時点では「大丈夫」と答える。というかそれしか答えようがない。近江さんは収入もあるから大丈夫だろうけど。近江さんはやっと無事契約が終わったことで、満面の笑みを浮かべていた。でも考えてみれば借金することになって喜ぶというのも奇妙な話だが……。

❖権利証預り融資は町金のヒット商品や

「ところで近江さん、これで契約は終わったので、今度はいつ融資するかなんですけど、今、マンションについている銀行の抵当権の抹消書類は大丈夫なんですよね？」

「ええ、もう前に用意してもらってますから」

「あと、まだ権利証をお預かりしてなかったですよね。今日持って来てもらえましたか？」

「あれ、聞いてないですか？　今、日本総合ファイナンスの福島さんが権利証、持ってるんです」

なぜそんなことになってるんだ。僕にはまるで見当がつかなかった。権利証がなければ融資はできない。なんでわざわざ福島さんのところなんかに。契約が終わって会社に戻り、あわてて福島さんのところに電話を掛けた。

「そうそう。今ね、うちに権利証あるんですよ。近江さんの保証人の契約がスムーズにいかなかったでしょう。それで融資日が遅くなっちゃったから、どうしても先に百万借りたいっていってね。それでうちで権利証預かりで百万貸すことにしたんですよ」

「そうだったんですか」

「心配しなくても大丈夫ですよ。権利証預かり融資だけで、まだ担保設定してないですから」

「権利証預かり融資?!」

「ナルシンさんの融資時にうちの借金を返してもらうことになっているんですけどね、もし万が一保証人が契約せず、ナルシンさんの融資が流れちゃったら、うちが回収に困っちゃうじゃないですか。その時は担保設定しますよという契約書と権利証を預かってるっていうわけですよ」

なるほど、よく考えているテクニックだ。もし万が一担保設定してしまったとなると、うちの稟議が出てから担保物件の状況が変わってしまったということで、稟議の取り直しになってしまう。うちの融資がすぐに行われるだろうという読みのもと、福島さんが権利証預かりという形で「不動産担保融資」をしたわけだ。

サラ金業界ではこれを「無設定担保融資」といってよくサラ金業者がやる手らしい。担保設定してしまうと不動産の登記簿に載ってしまい、どこからいくら借りたかがわかってしまい、謄本が「汚れて」しまう。そこで高金利だが担保設定をしないで貸すこの融資形態が行われるようになったのだ。かといって無担保融資ではおっかないので、いざとなったら担保設定できるという保全もある、高利の業者が考え出した独自の金融サービスといえるかもしれない。

❖どこに金を先に払うかが重要なんや

「だからね、八木さん。融資当日にうちから百万貸した返済分と紹介手数料を先に持って来てくれませんか?　それで権利証と引き換えという形にしますので」

「福島さん、ちょっと待ってください。念のためその方法ができるか店長に聞いてみますから」

店長に聞いたらもちろんノーだった。

「先に福島さんのところに金払っちゃうのはまずいよ。先に権利証だけもらって、貸した分と紹介手数料の精算はあとでやってもらわなきゃだめだよ」

そう言われたので、福島さんにそのことを話すと、えらい剣幕で怒鳴られた。

「うちはリスク背負って、無担保の状態で金を貸しているんですよ。貸している金をもらわず、どうして権利証だけ先に返せるんですか？」

「確かに、福島さんの言う通りなんですけど……」

「だったら権利証と引き換えに近江さんの借り入れ分と紹介手数料をください。でなきゃ、筋にあわないでしょう？」

そういって福島さんに言いたいことだけ言われて電話を切られてしまった。とりあえず店長に相談してみることにした。店長に福島さんから言われたことを話すと、案の定、激情し、ふざけた業者を怒鳴り散らそうという剣幕になった。こんな状態で福島さんに電話されたらたまらない。この案件が潰れるだけでなく、今後うちに客を紹介してくれなくなってしまうかもしれない。

「何かいい方法があれば、僕から福島さんに電話してみます。なんとかスムーズに月内に融資するためにはその方がいいかと……」

一挙に頭に血が昇り興奮状態の店長も、「スムーズに月内に融資するため」という言葉を聞いた途端、冷静になった。勢いにまかせて福島さんに喧嘩ごしで電話を掛けてしまえば、下手をすると月内にできなくなってしまう可能性がある。そうなって一番困るのは店長なのだ。

「しょうがないな。紹介手数料を先に払ってしまうわけにはいかないけど、権利証と引き換えに貸した百万だけは福島さんに払ってもいいだろう。その代わり、近江さん本人を立ち会わせることと、うちから業者に直接払ったという証拠を残さないこと。それならいいだろう」

この案ならのんでくれるだろうと思い、福島さんに電話したが、意外にも抵抗を示した。

「そんな面倒なことさせないでくださいよ。貸した百万円のついでに紹介手数料ももってきてもらえればいいじゃないですか」

「本当に申し訳ないのですが、それだけはどうしてもできないようなので。ほんとは貸した百万円も後の精算にしろとのことだったんですが、上司が特別に今回だけ目をつぶってくれると了解を得たので。これでなんとかならないですか」

「仕方がないな。うちとしても二度手間になるのは嫌だから、ナルシンさんを信用して、手数料も貸した分もあとで一緒でいいですよ」

何はともあれ良かった。これで融資ができる条件がそろった。三棟分のマンションの権利証は、無事前日に福島さんからもらうことができた。抵当権を抹消する銀行にも前日電話を掛け、きちんと抹消書類が用意できているか、直接電話で確認した。

融資当日、抹消は無事終わり、借金もうちから振込し、残るは融資残金を現金で直接お店で近江さんに渡すのみとなった。紹介業者が絡んでいる場合は、とりっぱぐれのないよう残金を現金で渡している。振込してしまうと、業者の手数料を払わないで逃げてしまう可能性があるからだ。

「じゃあ紹介手数料いただきますね。ええと、九百万円の五％ですから四十五万円ですね」

福島さんはこの時を待ってましたとばかりに、満面の笑みを浮かべて、四十五万円を抜き取って帰っていった。

近江さんもやっとうちの融資ができてほっとした様子で帰っていったが、実はこれから毎月毎月長い返済がはじまるんだよなと僕は思った。

8 取り立ては役になりきるんや

❖客をビビらせるのが取り立てのコツや

「おう、八木君、暇そうだな、回収でもやってみるか?」

清原さんがにやにやしながら近づいてきた。サラ金に就職した以上、融資だけでなく取り立てをやらなければならないと思っていた。しかし、いざ急にやるとなると、不安がたちこめてきた。

「八木君、金を貸すことは誰だってできるんだよ。でもそれを返させることはすごく難しい。でもそれができなきゃ、うちらは給料もらえないんだからな。今日、電話回収やってみる?」

「あ、は、はい!」

「回収っていってもな、今はマスコミに騒がれるとうるさいから、あんまり厳しい訪問回収とかはしてないんだな。だから主な仕事は電話での取り立てになるわけだ」

清原さんは東京店の延滞者リストをプリントアウトした。それに目を通した瞬間、清原さんは、

「おいおい、田中の野郎、また遅れやがったな。昨日、入金約束したくせに」

と、僕の存在を忘れてしまったのか、そのまま席に座ると、すぐさま電話を掛けた。

「田中トシテルさん？　清原ですけど。はあ？　じゃないでしょ。ナルシンの清原ですよ」

のっけから喧嘩ごしというか脅し口調である。

「おい、あんた、何ふざけたまねしてるんや！　オイコラ、ちゃんと聞いてるんかい！！！」

店内に響き渡るほどの罵声で、隣りで聞いている僕まですくみあがってしまいそうだった。

「昨日必ず入金するって言ったやろ！　何度約束破れば済むんや。あんたもう払えんなら、土地と家さっさと売り払いなさんな！」

「ああん？　今すぐですよ、今すぐ！　なんならうちで競売かけて売りましょか？　家がなくなっちゃう？　当たり前でしょ。借りた金返さんのだから当然でしょう」

「おたく、ナルシンの清原をなめとるんかい！　明日払うって言葉、何ベンつこうとるんや！　仏の顔も三度までやで。もうあんたの言葉は信じられんわ。今すぐ裁判所いって競売の手続きしてくるわ。家財道具でも売って身辺整理しておきなはれ！」

というなり電話を叩き切った。清原さんのいつもの調子の電話回収であったが、やはり何度聞いてもぞっとする。僕も息を飲んでその様子を見つめていた。

「ま、こんな感じでできるんならやってくれていいから」

と急に今までの清原さんとはうってかわって、普通になる。なんなんだ？　この切り替えの早さは？　それにしても、急にこんな感じでやれっていわれてもできないですよ……。

❖一日でも遅れを許すと客はつけあがるんや

「八木君は初期延滞者だけやってもらおうかな。ただ手を緩めたらだめだから。何事もはじめが肝心。一日遅れを許せば、次も遅れていいだろうと思う。三日遅れを許せば、平気で一週間延滞するようになる。こいつらは期日を守れないどうしようもない連中なんだよ。嘘はつくし甘えるし、いい加減なことぬかすから、くれぐれもすぐに払うように強くいうこと。回収担当者が客になめられたら終わりだから」

「はい」

「それからくれぐれも本人を確認してから社名を名乗るように。社名は絶対に先に名乗っちゃいけないからね。でないと、他人に借金している事実をばらしたってことになって、かなりややこしいことになるから」

脅しているだけの清原さんでも、そういったことに対してしっかり気を回しているんだな。

「じゃあ遅れ十五日以内の初期延滞者に全部電話かけておいてな。八木君、ここだけの話だけどね、今日ちょっとどうしても行きたい新規の『エイギョウサキ』があるんで」

「え、新規の営業先ってひょっとしてまたフーゾクですか？」

「友達からいい店教えてもらってさ、昼間だと格安なんだよ。ま、そんなわけで今日は命の洗濯してくるから、八木君よろしくー」

すぐそばで教えてくれるのかと思いきや、説明だけして消えてしまうなんて。しかしやるしかない。リストの延滞者に電話をかけ、すぐ入金するようにというだけなのだが、緊張して電話がかけられない。清原さんみたいに凄味をきかせて脅しをかけるなんて僕には到底マネできないし。それに脅しをきかせただけでは回収できないのではないかとずっと思っていた。ヤクザや町金が訪問で押しかけて脅しをかけるならともかく、電話で脅しをしたってたいして効果はないんじゃないか。それよりももっとお客さんに近い立場でじっくり話し合い、払わせる方法があるのではないかと思っていた。

清原さんの回収履歴が書かれた連絡帳をめくっていた。十日遅れの柳沢さんの欄を見ると、清原さんの字で「たち悪い。全然払う気がない。要注意人物」と書かれていた。まいったな。こんな客にも電話をしなければならないのか。不在だといいんだけど……と思いながら電話をかけるとすぐに本人が出てしまった。

「ナルシンの八木と申しますけど」

「ああナルシンさん。いつもすみませんね。明日すぐに払いますので」

あれ？　要注意人物なのに素直でいい感じの人じゃないか。待ってくれなんていわず、自分から明日支払うといってきた。明日までの延滞金を含めた金額を伝えると、「わかりました。必ず明日支払いますので、すみません」と素直に謝られてしまったので、こちらも低姿勢に、「いえいえこちらこそ、お願いいたします」といって電話を切った。

やった！　要注意人物から簡単に入金約束を取れたではないか。清原さんがてこずっていた柳沢から入金約束を取れたと伝えたら、きっと褒めてくれるに違いない、なんて思っていた。一度入金約束を取れたことから、次々と電話をかけられるようになった。驚くべきことに、他の延滞者も「いつ払うんですか」と問い詰めると、ほとんどが「明日入金します」という約束を取り付けられたのだ。やはり清原さん流の客を寄せつけない脅し文句より、親身になって話を聞いてあげる八木流回収方法がいいのではないかと思った。

❖客は平気で嘘をつくんや

翌日。入金約束を取れたのは四人いたが、誰一人として入金がない。そんなバカなと思って、僕はあわててその四人に電話をかけると、みんなあっけらかんとして「忘れてしまったから明日払う」とか「いやそんなはずはない。銀行の手違いではないか」などといわれてしまった。清原さんに報告するとゲラゲラ笑われてしまった。

「だめだよ、そんな優しい態度じゃ。みんな悪質な客だから、なめられたんだよ。明日払うって言葉を毎日続けて一〇日以上払わない連中だからな。まだ正直に今日は払えませんっていう客の方がましだな。あいつらのいうことを信用しちゃいかん。もっとビシっといわないと、ビシッと」

早速、清原さんは、僕が今日入金約束を取っていたのに支払わなかった四人に電話をかけた。

「おたく、柳沢さんですか？　清原ですよ。ナルシンの。おたく、なめとるみたいね、うちの支払いを。今日入金約束したそうじゃないですか。支払いはどうなっとるんですか！」

「明日払うってその言葉聞き飽きましたわ。そんな言葉何度も通用するサラ金とは違いまっせ。いい加減、その腐った根性叩きなおさんと、えらいことになりますよ。明日もし払えなかったら、裁判所いって競売申し立てしてきますわ。そのつもりで家財道具取りまとめて夜逃げする準備でもして待っててくださいな」

やはり清原さんの凄味はすごい。自分で延滞客に電話してはじめてわかったことだったが、凄味をきかせて脅しをかけないかぎり、多重債務者の延滞常連客はまともに支払ってはくれないのだ。清原さんがなぜあれだけ客に対して強い態度に出ているのかがやっとわかった。

❖客は担当者の人格を見て支払い態度を決めるんや

こうして少しずつ毎日電話回収をするようになった。毎日、延滞者リストを見ているうちにあることに気づいた。リストに載っている延滞者が、なぜか蓑田主任や野村さんの担当したお客さんが多いのだ。単純に考えれば、この二人は一番店の中で契約件数が少ないのだから、延滞者リストに名前が出てくる可能性も低いはずだ。僕は単なる偶然なのかなと思っていたが、清原さんはそうではないときっぱりいった。

「見ての通りだよ。どう考えてもね、あの二人は営業成績が一番悪いのに、延滞者リストに載る名前が多いっていうのはおかしいわけだよ。でもね、それは偶然なんかじゃない。客はね、担当者の人格を見て返済態度を決めるんだよ」

「担当者の人格?!」

「大げさだと思ってるかもしれないけどね、俺はもう何年もずっと回収やってるからわかるんだよ。営業担当者によってはっきり分かれるんだ。債務者の返済に対する態度や意識がね。あの二人の営業態度見てればわかるでしょ。態度が横柄なわりに頼りない。そのくせ仕事はいい加減。

契約なんかも適当でしょ。そういう態度っていうのは客にしっかり見られているわけよ。確実にね。だからあの二人は契約件数が少ないのにもかかわらず、延滞者リストになる客が多いんだよ」

「そんなことってあるんですか？」

「そりゃそうだよ。俺と一緒に契約しに行ったことがあるからわかると思うけどね、契約の時、最後に一言、絶対に支払いは遅れるなって釘さすでしょ。その一言だけでも違うんですよ。そんな時になよなよした態度取ったりしてたらね、絶対に客になめられる。不動産担保でサラ金から借りる客なんて、借金慣れした百戦錬磨の債務者なわけよ。恐いもんなんてない。目先の金が手に入ればあとのことは考えない。そんな奴らを相手にしているわけだからね、営業担当者を見ただけで、この会社の取り立ては厳しそうだなとか、遅れても大丈夫だなとか判断するわけだな」

しかし真弓主任や山野さんは契約時にそれほどきつく言っているのを見たことはないが……。

「真弓主任や山野さんの場合、厳しくいわなくても、すごくまじめに熱心にやってるでしょ。だからね、きっとそれが客に伝わってるんだよ。だから客はその担当者の姿を見て、遅れるのはよくないよなって思うようになる。もちろんこれが半年もたつと、担当者とも顔を合わせないし、だんだん支払いがきつくなってくるからそうもいってはいられなくなるんだけどね」

なるほど。営業として担当した時から、すでに債務者との付き合いははじまっているのだな。

❖取り立ての極意は役者になりきることや

営業の合間をぬって、清原さんの手伝いとして、常連延滞者への回収電話を掛けていたが、どうにも僕は取り立てが慣れずにいた。借金を期日に返さず延滞している人たちの方が、僕なんかよりはるかに上手でやっかいだったからだ。でも取り立てしても頼りない僕になぜ清原さんは電話掛けを頼むのだろうか。単に自分がさぼりたいという理由だけではなさそうだった。

「大事なことはな、返済の遅れをこっちはものすごく気にしているということを相手に伝えること、これが第一なんだ。すぐに返せるかどうかはいってみれば二の次。所詮、うちは大きな立派な会社になっちまったから、手荒な取り立てはできないし、実際に客の家を訪れる訪問回収も頻繁にはできない。そうなるとどうしても電話での取り立てが多くなるんだけど、電話でおっかない声だしたって限界がある。でもね、返済が遅れている客に必ず毎日、連絡を取ることを怠ったらだめなんだよ。返済が遅れてるのに一日でも電話掛ってこなかったらどう思う？　ああ、別にこの会社、あまり気にしてないんだな。俺一人ぐらい遅れたってどうってことないだろうなって思われるのが一番やっかいなんだな。だからね、俺が出張とかさぼりでいない時でも、誰か必ず電話を掛けておいてほしいんだよ。入金約束が取れなくってもね」

取り立ては暴力なんかより、心理戦というか頭脳戦なんだな。清原さんはただ闇雲に脅し文句だけを並べているわけではないんだな。

いつまでたっても取り立てに慣れない僕に、清原さんはアドバイスをしてくれた。

「まったくしょうがねえなあ。これじゃいつまでたってもろくな取り立てできないし、手伝いにならんな。仕方がないから、取り立ての極意を教えてやるか」

「取り立ての極意？」

「極意っていうと大げさだけどな、最低限の基礎みたいなことだな。一番大切なのは、自分が貸した金だと思って回収することだ。ただそう思っても、いざ電話を掛けると、どうせ会社の金だからと思い、甘くなってしまう。客からなめられないためにどうするか。その方法を教えてやる」

「いや、でもそういわれても、もともとの人間の性格が違うから、僕が何年やっても清原さんのような威圧的回収はできないと思います。僕は回収向きじゃないと思うんですけど……」

「あのな、俺だって根っからの取り立て屋なわけじゃないんだよ。それに、取り立ても営業もそうだけど、すぐ仕事ができないのを性格の不向きのせいにするやつがいるだろう。そんなのはね、あまちゃんなんだよ。プロじゃない。だったら金もらって仕事するなってことだよ。取り立てできるかできないかは性格の問題じゃない。ようは役者になりきれるかどうかってことなんだよ」

「や、役者ですか？」

「そうだよ。なりきるんだよ。恐い取り立て屋という役に。誰もこの世の中に好き好んで毎日おいこら！　と、どなりたいやつなんてどこにもいない。でもね言わざるを得ない。仕事だからね。そんな時に、みんな自分のパーソナリティーを持ちこんじゃうからできなくなっちゃう。自分をそのまま持ちこんだまま取り立てやらなくちゃいけないから、しんどくて、回収が嫌で会社辞めちゃうんだよ。そうじゃなくてね、取り立てする時はね、自分じゃない別の人間になりきるんだ」

「別の人間？」

「たとえば凶悪犯罪者の役をやる役者が本当に凶悪か？　ずる賢い役をやる役者が本当にずる賢いか？　そうじゃないだろう。でも役者は迫真の演技でそれを演じるわけだ。それが仕事だからね。だから別に役者がドラマで人を殴ったとしても、悪いとは思わないわけよ。わりきってるからね。それが役だって。それが仕事だって。つまり取り立ても同じことなんだよ」

「役者と同じ?!」

「もしドラマで取り立て屋を演じるとしたらおもいっきりどなるでしょ。それと同じことだよ。取り立ての電話を掛ける時は、役になりきるんだ。そうすれば俺のようにドスのきいた電話を掛けられるようになる。そんでもって電話が終わったら、演技は終わりだと切り替えて、普通の自分に戻る。そうすればね、自分が嫌な電話を掛けたとは思わないから。演技だから多少おおげさでもいい。そういう気持ちでやったら回収が簡単に出きるようになるから」

自分を捨てて役になりきるという清原さんの助言は、目が覚めるようだった。

❖法律の範囲内で「脅す」んや

清原さんは電話口での剣幕は鬼のような口調で、違法といえないまでも、お客を脅迫している電話じゃないかなと思われても不思議ではないが、ただ闇雲に脅し文句を並べているわけではなく、ある一定のラインをひいて取り立てしているというのだ。

「うちはこんな大企業になっちゃったから、取り立てが強引で騒がれるのが一番恐いからね、きちんと法律の範囲内でやらなきゃいけない。まず貸金業法の決まりでね、一日に電話は二回までって決まってるから。それ以上かけたら絶対だめだからね。あとね、かける時間ね。朝の八時から夜の九時まで。絶対にそれ以外の時間にかけたらだめだから」

清原さんはその辺は厳密に守っているようだ。

「あとね、言葉だけどね、どこで働けとかそういうのはだめね。たとえばまぐろ漁船で働いてこい！　とかね、フーゾクで稼いでこい！　とかね、そういう具体的な指示はだめね。あと人格を否定するようなこともだめだからね。たとえば『仕事ができない』とかね、『あんたはろくでなしなんや』とかね。事実だけをいうこと。『遅れ何回しとると思ってるんや。ふざけるのもいい加減にせいや！　おたくの支払いが遅れてこっちは大迷惑しとるんや』。これ事実だからね、セーフね。あともちろん死ねとかだめね。『生命保険かけてるんだったら死んで金返さんか』。これ絶対だめね。こういうのちくられたらやばいからね」

いろいろ気を使ってるんだな。あの強引な取り立ての清原さんでも。ちょうどその頃、商工ローン会社の「腎臓売れ！」「目ん玉売れ！」という回収が問題になっていたが、取り立てのプロの清原さんからいえば「あれはバカだ」と一笑にふしていた。

「今、サラ金の大手が恐がってるのは、昭和五十年代のサラ金パニックみたいにね、過剰取り立てがマスコミで騒がれて、客のイメージが悪くなって、良質のお客さんが離れていってしまうことなんだよ。今、大手サラ金がもっとも金をかけてるのはコマーシャル費用なんだよ。莫大な金額投資してね、内容のない、ほんわかおもしろＣＭを大量に流している。莫大な制作費、有名タレントの起用、それだけでなくナルシンゴルフカップだの広告費に金を注ぎまくっている。ようはね、イメージがすべてなんだよ。取り立ても重要だし、甘い回収は許されないけど、腎臓売れだの目ん玉売れだのって、この業界のことがわかっていない、ヤクザ気取りのアホ企業だよ。

商工ローンの大手会社なんかいい例だよ。あそこは平気で夜中、どんどん戸を叩くってもっぱらの噂だけどね、今時そんな回収するの、闇金だけだよ。大手のサラ金でそんなことするのどこにもいない」

清原さんの取り立ては脅し口調だが、腎臓売れといった類の言葉は一切聞いたことがなかった。

❖ヤクザを使うのはサラ金じゃなく客の方や

そんなある日のこと。僕は清原さんから頼まれた常習遅れの真鍋さんに電話をかけていた。もうこいつとは四日連続電話で話して「明日払う明日払う」の連続で、いっつもすっぽかしていた。僕は堪忍袋の緒が切れ、感情的になってはじめて怒鳴ったのだった。

「あんたの明日はいつなんや！ おちょくるのもいい加減にせいや。おい、いうてみいな？ あんたの明日っていうのは今日が五月十五日だったら五月十六日のことをいうかい？ それとも五月二十日のことをいうんかい？ 明日もわからんのならもう一度小学校で勉強しなおしてこいや」

こんな感じではじめて役になりきり切れることができ、しつこくえんえんいっていたら、「へえ」「はあ」「ふう」と受け流していた客がいつもの態度と違う僕に驚き、反撃しはじめたのだ。

「八木さん、ひどいいいようですわな。いっとくがわしにはね、バックに右翼もついてるし、ヤクザもついてるんですよ。そんなわたしにその口の聞き方でいいんですか？ 八木さん、まだ若いでしょうに、血の気の多いやつらをそっちに向わせましょうか？」

おおおお、なんだこいつは。本当か？　ウ、ウソに決まってる。で、でも、ちょっと不安だ。

僕はあわてて清原さんを呼び、電話を変わってもらった。

「はあん？　右翼でもヤクザでもはよ呼びなさんな。あんた毎回そんなことばっかいうてて、うちに連れてきたためしないやろ？　つれてきても構わんから、そんな人脈があるなら、彼らに金、融通してもらえりゃいいんじゃないですか？　それで全額返済してくださいよ。なんなら私からそのヤクザの方や右翼の方にお話しましょうか？　筋を守らん真鍋さんにほとほと困ってるので、そちらのいいように処理してくださいって」

「な、な、なにー、お、わ、わ、わたしはほ、ほんきで呼べるんだぞ」

「だから早く呼んでくださいな。私はもう二年前からその言葉を聞いて首を長くして待ってますよ。それでその方たちにお金貸してもらってうちとの縁をきれいさっぱり切りましょうや」

「そ、そんなこと……」

「奥さんに内緒の借金なんかするからですよ。このまま支払いが遅れるようなら給料差し押さえしますぜ。そしたら奥さんに内緒っていうわけにいかないんじゃないですか？　差し押さえなんかしたらすぐバレますよ。あんた、右翼の街宣車より奥さんの方が恐いのと違いますの？」

さ、さすが清原さん。助かったなあ。でも恐かったな。

「八木君だめだよ、客のペースにのせられちゃあ。ちゃんと取り立てメモみてる？」

といって清原さんはこれまでの真鍋さんとのやりとりが記入されている回収メモを取り出した。

そこには、「真鍋は追い詰められると右翼の街宣車を事務所の前に行かせるだのヤクザの大親友がいるだのというが、もちろん来た試しはない嘘である。こんな時は『はよつれてこんか！』とこっちも開き直るのが一番。ちなみに妻に財布を握られていて、妻に内緒の借金なので、その辺をつつかれると弱い」と書かれていた。

それにしても、サラ金がヤクザの脅しをちらつかせて客からむしりとるのではなく、客がヤクザをちらつかせてサラ金を脅すとは……。回収をしていると、一般的なサラ金のイメージとは逆転した現象にとまどいを覚える。やっぱり悪いのは金を返さないのに開き直ってる債務者なのかな。金を返さないたちのわるい客がいたら、確かに「腎臓売れ」とかいいたくなるよなとも思ったりもした。

9　できるだけ高金利で貸すのがプロの営業マンや

❖見た目がだらしない奴は金にもだらしないんや

紹介業者営業や清原さんの電話回収手伝いなどをしながら仕事をしていると、例のごとく僕の唯一の紹介業者、日本総合ファイナンスの福島さんから電話が掛かってきた。

「今すぐ申込させたい客いるんで、そっち向かわせるから」

「えっ？　客ってどの案件ですか？」

「宮城の案件で、ほら錦織さんってお客さん、覚えてない？」

また急だな。僕はあわてて資料を探した。そういえば一ヵ月ぐらい前に宮城の案件があったような気がする。福島さんからもらった膨大なファックスの中からその案件を探し出した。

あった、あった。希望は一千百万円。宮城にあるお母さん所有の一戸建て物件。申込人は東京に住む息子で自営業か。ゴーゴーファイナンスが一番抵当で七百万円。サラ金が七社で約三百万円。そのとりまとめが資金使途か。問題は息子の収入状況だろうな。

あわてて資料を見返している時、いかにもガラの悪そうな、ミュージシャンめざしていたけど挫折して、薬にはまっちゃってるみたいな若い男が事務所に入ってきた。ひょっとして回収がらみでもめた客ではないかと思ったのか、清原さんが鋭い視線を向けた。

「あのー、錦織と申しますけど、ここ、ナルシンファイナンスさんですよね」

げ、この人が錦織さんか……。いかにもだらしなさそうな人だ。これじゃ一千百万円は厳しいよな。連帯保証人つけないとだめだろうなと、第一印象で思った。そこへ清原さんがきた。

「あいつ、延滞客だろ。ちょっと待たせておけ。資料持ってくから。で、なんて名前?」

「いえ、あのー、僕の申込客です」

「へえ、あいつが?! 俺だったらあの風貌みただけで一円足りとも貸さないな」

岡田先輩も「いくら貸すんか知らんけど、客の第一印象は重要やで。俺だったら勘弁したい案件だけど、トラブルになりそうだったら助けてやるから呼べよ」とまるで犯罪者扱いだった。

❖借金は雪だるま式に一挙に増えるんや

しかし話してみると、意外と普通な感じの人だったので安心した。

「もう十年も昔の話なんですけど、プロのミュージシャンめざして宮城から出てきたんです。結構いい線までいったんですけど、なかなか厳しい世界でして……。それでもあきらめずやってたんですけど、当時つきあっていた女の子をはらませてしまい、まあそれで結婚することになったんです。奥さんは妊娠中で働けず、子供も生まれるので、これを機会に音楽の道をあきらめ、まっとうな職についてサラリーマンしてたんですけど、どうも性に合わないというか、そのー、朝早く起きれないんですよね。それで仕事もやめちゃって日雇いの仕事とかで食いつないでたんですけどね、そんな時にパチンコやった時期があって、借金ができちゃったんですよねー」

うへー、よくある典型的なだらしない男じゃないか。

「クレジットカードとかは会社勤めしてたときに作ったんで、キャッシングしてバンバン借りることができて、それでどんどん借金が増えていって、どうしようもなくなってしまって。それでクレジットカードの借り入れを、ゴーゴーファイナンスの不動産ローンで一本化したんです」

ゴーゴーファイナンスはうちより審査は甘いが金利は高い。そこで七百万円借りたら余計返済がしんどくなるのではないか。

「そんな時、前の会社からコンピュータのプログラミングの仕事を頼まれるようになって。結構それがいい金になるんですよ。音楽でもコンピュータ使ってやってましたしね、それが本職みたいになって一年がたちます。はじめは定期的に仕事が入ってくるわけじゃないし、コンピュータの世界って日進月歩ですから、マシンの買い替えとかしてたらまた借金しちゃって、それで今回、また借金のとりまとめをしてもらいたいんです」

なるほど、実に単純明快な借金まっしぐらストーリーだ。

「それと、借金の中にひどいのがありまして、違法業者に引っ掛かっちゃったみたいなんですよ、僕。ヤクザみたいなところで、あのいわゆるトイチっていうやつですか。十日で一割取る業者に借りちゃって、困ってるんですよ。それもあってなんとか急ぎでお願いしたいんです」

うへ～、今度はトイチか。トイチなんかで借りてたらいくら自転車操業してもおっつかないんじゃないか。参ったな。審査する前につぶれちゃうんじゃないか……。

「でも仕事は順調なので、なんとか一本化してやり直したいんです」

言ってることはわかるし、思ったよりも良さそうな人なんだけど、計画性がないっていうか、だらしないっていうか。一番の問題は本人の収入だろう。

「何か収入を証明できるもの、ありますか？」

「通帳なら持ってきました。今月は八十万円。先月は五十万円。その前の月は七十万円……とまあバラバラですけど、最近では定期的に金が入ってきてるんです」

通帳を見ると思ったより収入状況はよさそうだった。毎月五十万円近くは入っている。そのうち借金の返済で大分減るにせよ、それでもなんとかなりそうな数字だ。

❖無職でも若い女は保証人価値があるんや

「あの、もし連帯保証人とかっていわれた場合、あてはありますか？」

「働いてないけど妻ならいいですけど。もう少ししたらパートはじめる予定なんですけど」

そこで店長に相談してみた。

「いいよ。できれば勤め人の方がありがたいけど、奥さんが入れば督促しやすいし。取れるものはすべて取りましょう。奥さんも保証人になれば別れることもできなくなるだろうしね」

そっか、別れるか……。確かに借金まみれの夫が返せなくなったら別れてしまえばそれで関係なくなるのだろうが、連帯保証人になってしまえばそうはいかなくなる。それはうちにとって保全という意味ではいいんだろうけど、なんだか奥さんを不幸な道に足を踏みいれさせるみたいで、ちょっと気が引ける部分もないことはなかった。

「いざとなったら男なんかより女の方が稼げるから」

今、収入がなくとも若い女性ならそれだけで返済能力があるということか。もし返せなくなったら、奥さんが一番苦しむのだろうな。なんだかドラマみたいな話に僕は加害者として加担しているような気がしてならなかった。

「じゃあ奥さんにも連帯保証人として申込をしてもらいますので。あと担保物件の所有者であるお母さんの申込も必要なんですけど」

「わかりました。じゃあ母に電話してみます」

トイチから借りているのなら急がなければならない。

「あ、お母さん。あのね、今度ナルシンさんってところに借りることになってね、また申込書に記入してほしいんだよ。え？　明日？　ちょっと待って」

「八木さん、明日仙台に行っておふくろの申込してもらってもいいですか？」

随分急な話だが、大丈夫だとうなずいた。

錦織さんと自宅に向った。借金まみれなら相当汚くて狭いオンボロアパートに住んでいるのだろうと思っていた。ところが、住まいは都心から近くで、家賃十五万円もするきれいな賃貸マンションに住んでいた。錦織さん、頼むよ。こんな高い家賃のところに住んでりゃ、金なくなるよ。

小さい子供と三人暮らしなのだから、もっと安い家賃のところに引っ越すべきじゃないか。

家に入ると、きれいな若い奥さんが出てきて、サラ金の申込をさせられているにもかかわらず、すごく協力的に応じてくれた。錦織さんのだらしなさをすべて奥さんが理解していて、かつ、どれだけ借金があるかもきちんと把握しているようだった。

「私もこの子が大きくなったら働きますので、今は無職ということでいいですか？」

店長から無職ではなくパート予定と書いてもらえとあらかじめ指示を受けていた。担保提供者でもない奥さんの返済能力をあてにして連帯保証人にするのに、その奥さんが無職では辻褄があわないというのだ。収入がない人だと貸し手が知っていたにもかかわらず、借金をさせるということは、下手をすると「過剰融資」にあたり、貸し付けした側が悪いことになる可能性もあるという。だから万が一のことを考えて、奥さんは今は無職だけど近いうちにパートをする予定だから、返済能力が見込めることになるから、連帯保証人で申し込ませたのだという論法にしておくために、申込書に「パート予定」と書かせろというのだ。店長はそういう点は実に頭がよく回る。

奥さんの申込が済むと、そのまま錦織夫妻の納税関係を調べるために、委任状を持って市役所と税務署を回った。多額の税金滞納が出てくると相当厳しいなと思っていたが、収入が今まで少なかったせいか税額が少なく、幸いにして滞納はなかった。あとは明日、仙台にいって調査をすべて済ましてしまえば、あさってには稟議書を書ける。とにかく急いでやらねばなと思った。

❖バカ息子の借金のせいで、親の家が担保にとられるんや

お母さんの申込のため、仙台に向かった。物件の周囲は、空き地や田畑もまばらにあり、古くからの民家もあるが、わりに新しい建物も多かった。田んぼをつぶして建売住宅を何軒も建てた一角や、高層マンションもあった。担保物件の調査的観点から考えれば、仙台への通勤圏として住宅開発が活発な証拠でありプラスの材料だ。

「東京の八木です」というと、警戒しながらためらうように手招きしていれた。多分、近所に見られたくないのだろう。お母さんの態度はそわそわしていた。しかし家に入ると、「わざわざ遠いところおいでいただいてありがとうございます」と深々と礼をされた。あまりの丁寧な態度に恐縮してしまった。だってただ僕は借金の型を取りにきたわけで、もしかするとこの土地を奪ってしまう、不幸の使者となるかもしれないのだから。

申込書を差しだすと、すらすら書いていってくれたことにほっとした。これならスムーズに申込を終わらせ、書類集めに取りかかれる。しかし希望金額の欄で急に書くのをやめてしまった。

「金額は息子さんが一千百万円を希望していますので、同じくそう書いておいてください」

「なんで、そんな金額になるんですか？　今、うちを担保に借りている東京の業者さんの借金は確か六百万円じゃなかったでしょうか？　そこの金利が高いから安いところに借りかえるっていうから、てっきりまた六百万円ぐらいじゃないかと思ったんですが」

僕はなんと答えようか迷ったが、正直に話すことにした。

「息子さんほかにも三百万円ぐらい借金があるんです」

「へえ！　そんなに……。まったくあの子は何をやってるんだい。結婚もして子供もいるっていうのにまた三百万円も借金してるんですか！」

このままの雰囲気だとまずい感じだ。なんとか流れを変えなくては、下手をするとこのまま申込できずにとんぼ帰りになりかねない。

「今、息子さんは新しい事業が軌道にのってきたので、これを機に借金を一度まとめて整理したいみたいなんです。これまでは苦しかったようですが、今、仕事はとても昇り調子のようですので、それでこれを機に立ち直ろうと思ってうちに申込に来たのです」

嘘をつくわけにはいかないが、かといってまるっきり本当のことも話せない。僕のこの言葉によって、申込ができるかできないかが決まってしまうと思うと不安でならなかったが、お母さんはあきらめたように申込書を書き始めた。

その後はスムーズに申込書を書いてくれた。お母さんには年金とパートで月々二十万円の収入がある。お母さん一人の生活費ならそれほどかからないはず。それならあのだらしない息子が払えなければ、お母さんに督促しても大丈夫だなと思った。お母さんにも返済能力がある。これなら審査は通りやすいなと思いつつも、どこかで、このお母さんに払えと電話しなくてはならないはめになるのが目に浮かぶようで、とても心苦しかった。

「借金なんかするなら東京引き払ってこっちに住めばいいものを……。そうすれば家賃だってかからないんだし、子供の面倒だって私が見てやれるのに」

申込が終わると、「八木さん、どうかよろしくお願いします」といって、僕が家を出てからもしばらく、お母さんが深々と頭を下げていた姿が印象的だった。

申込を終えると役所関係で書類を集めた。しっかりしたお母さんだけあって、役所の納税証明書関係は一切問題なかった。その後、法務局で登記簿謄本などの書類を集め、それが終わると今度は駅に戻って、不動産屋に数軒聞き込みをした。僕が考えていた担保評価額とどこもほぼ同じぐらいだった。思ったよりこの辺は不動産売買の動きがあるようなので、流通性はいい。これなら担保物件には問題なさそうだと一安心した。

❖高い金利で貸す営業マンがえらいんや

翌日、錦織さんの書類をまとめ稟議書を提出した。唯一の心配は本人のだらしなさを突っ込まれることだったが、なんの追加調査もなくあっさり融資ＯＫが出た。金額は希望金額満額の一千百万円だが、ただ属性が悪いので金利は十八％と高めだった。このぐらいの金額なら通常は十五％ぐらいがうちの会社では普通らしい。十八％で納得するかどうか錦織さんに電話をしてみた。

「え?!　もう結論出たんですか？　一千百万円出るんですね。あー助かった。え?!　金利が高い？　十八％？　それならいいですよ。とにかく急ぎで金が欲しいですから」

金利が高くてもすぐにＯＫしてくれたのは営業担当としては非常にありがたいことだ。面倒な金利交渉を店長に審査としてもらわなくて済むからだ。安い金利になればなるほど、審査部のハンコが多く必要になる。

「八木君、一千百万円を十八％でまとめるなんてやるやないか」と岡田先輩にも褒められた。金融業者の収入は金利しかない。つまり金利が会社の生命線なのだ。でも僕にとっては十八％という高金利で貸せたという喜びより、お母さんがきっと苦労するんだろうなという思いばかりがよぎってしまう。しかしこの業界でお客さんに同情していては仕事にならない。

これですぐ融資できると舞い上がっていたが、店長から思わぬ突っ込みを受けた。

「ところで八木君、錦織さんの案件だけど、ゴーゴーファイナンスの抹消は大丈夫なの？」

抹消？　そうか。すぐ融資するためには、今担保で借り入れている融資先の抵当権の抹消手続きが必要だということをすっかり忘れていた。

「ゴーゴーファイナンスはね、抹消書類用意するのに二週間はかかるよ。契約書に書いてるんだよ。途中解約して全額返済したい時には二週間以上前に書面にて連絡することって。だからもし今からゴーゴーファイナンスに抹消依頼するなら、すぐ融資は厳しいんじゃない」

え？　抹消書類に二週間もかかる？　そんなの知らないよ……。それはまずいではないか。僕はあわてて錦織さんに電話したが、抹消書類のことなどまったく頭になく、「え、そんな！　二週間もかかるんですか?!」と僕と同様、驚いていた。これは大変なことになった。ひとまず紹介業者の日本総合ファイナンスの福島さんにも連絡しておかなくてはと思った。

「え、融資決まったんですか？　早かったですねえ。え、それで、すぐ融資したい？　抹消書類ね。ゴーゴーファイナンスにうちから聞いてみますよ。多分すぐ出してくれると思いますけど」

「え？　すぐ出してくれる」

「ええ、あそこの支店に知り合いがいるんで、すぐ抹消書類用意できますよ」

「え！　抹消書類すぐ用意できるんですか？　なんでまたそんなにすぐにできるんですか？」

「そりゃあ、八木さん、私の力ですよ。まっとうに言ったんじゃ、二週間待たされますよ。でも、私にはいろいろ人脈とか裏の手とかあってね、こういうこともできるんですよ。わっはっは」

この時ばかりはいつも何もしない福島さんがありがたい存在なんだと見直した。ただうちに紹介するだけで融資が決まったら五％の手数料をひっこぬくだけの中間搾取業者じゃないんだ。どうして簡単に抹消書類を用意できたのか、福島さんに聞いてみた。

「ゴーゴーファイナンスの回収担当の課長と知り合いでね、その課長が融資してる債権の情報をこっちに回してくれてるんですよ。うちはそれを見て、担保評価ができそうなもので借り換えに食いつきそうな客に電話を掛けるわけですよ。そもそもこの案件もその課長からうちに回ってきたものなんですよ。だから融資が決まった段階でその課長に教えれば、回収課長だから抹消書類を出す権限を持ってるんで、簡単に出してくれるわけです。その代わり、案件を紹介してくれた課長にはね、十万円のバックマージンを渡してるってわけです」

なるほど。裏で金がからんでいたわけか。業者に案件を紹介して抹消書類を手配するだけで十万円もらえるわけか。そりゃ、それだけの金がもらえるとなればいろんなことをするよな。

❖担保提供者になりすます詐欺客がおるんや

決裁がおり、抹消書類の確認も取れると、今度は契約だ。東京にいる錦織夫婦の契約を先に済ませ、その契約書を持って、担保提供者のお母さんのいる仙台に行かねばならなかった。しかしいつもの契約とは違って面倒なことがあった。お母さんの身分を証明するものとして免許証やパスポートなど、写真付きの公的機関が発行したものがないので、契約時に厳重に本人確認をする必要があったのだ。

「保険証持ってるんですけど、それじゃだめなんですか？」

僕は不思議に思って岡田先輩に聞いてみた。

「あんなもん、簡単に偽造できるやろ。運転免許証だってパスポートだってやろうと思えば偽造できるけどな、写真も付いているし、偽造するのも面倒やろうけど、保険証なんか簡単やろ。もし担保提供者が本人でなかったらえらいことや。だから念には念を入れるんや」

いや、でもそんなこと言ったって、本人は本人でしかありえないのではないかと思っていたが、そんな矢先にとんでもない事件が起きてた。

「大阪店で担保提供者がすりかわる事件が発生！」

店長が東京店の社員を集めて、急遽、緊急のミーティングが開かれた。

「大阪店で起きた事件について報告します。主債務者の母である六十五歳の担保提供者兼連帯保証人が本人ではなかったことが発覚しました！」

なんじゃそりゃ、冗談でしょー。一同どよめきの声があがる。僕は新人なので、いまいちピンとこなかったが、他の社員のざわめきを聞く限りでは、これはめったに起こらない大事件らしい。

「主債務者である息子が母の実印および印鑑証明書を持ち出し、母になりすました別人物が担保提供者の保険証を見せ、契約書にサインおよび押印。融資三ヵ月後になって、担保物件所有者の母から、身に覚えのない抵当がつけられているということで、連絡があり発覚しました」

別人物が契約?!　そんなことが可能なのだろうか？

「みなさんもご存知のように、運転免許証やパスポートのない契約者への本人確認は厳重に行うように指示が出されています。大阪店の社員はきちんと本人確認を行ったようですが、事前にどうやってうちの会社が本人確認するかを、紹介業者から情報が漏れていた疑いがあります。本人確認する手順をお客さんや業者に絶対に教えないように」
ゲ、そんな大事件のあった後に、僕は本人確認が必要な契約をしなくてはいけないのか。それにしてもなんだかこんな信じられない事件があると、サラ金の鉄則通り、人間は疑ってかからねばならないのかと思わざるをえなかった。悪質な金融業者がお客さんを騙して担保をぶんどった事件ならいくらでもありそうだが、お客さんが金融業者を騙してお金を借りてしまうなんて……。
「金額が大きい案件やまだ契約に慣れていない社員の契約で、本人確認が必要なものには店長が契約に必ず同行するようにと、本社から指示がきてますので、みなさん、そのつもりで」

そんなわけで、店長と一緒に仙台に契約に行くことになった。店長が行くことによって何事もトラブルがなければよいのだが……。

❖店の会員カードや診察券で本人かどうか確認するんや

翌日、店長と一緒に仙台で錦織さんのお母さんの契約に向った。店長からの指示で、通常の契約作業は僕がやり、その後、本人確認作業については、店長がやるということになっていた。契約条件についてはお母さんから文句はまったくなかった。

「では、お母さん、契約書の方は終わりなんですけど、本人確認をさせていただきますので」と店長が私の出番ですよといわんばかりにしゃしゃりでてきた。

「本人確認?!」

本人確認と聞いてお母さんの顔は曇った。一体何がはじまるんだろうという不審気な様子だった。しかしそんな様子など一向に気にすることのない店長。ある意味、僕がお客さんのことを気にしすぎるのかもしれない。

「まず、病院の診察券とかビデオレンタル店のカードとか、地元のお店のカードとか、そういったものをできるだけ見せてくれませんか?」

「なんでそんなものを?」と思っているのだろうが、店長の指示通りカード類を出した。

「じゃ、八木君、番号とお店の名前をメモして」

かなり枚数があったが、とりあえず病院の診察券とスーパーのスタンプ券の番号を控えた。「店長、終わりました」というと、店長はギッとにらんで、「八木君、全部控えて!」と声を荒げた。

「全部? ですか」

本部に提出する「本人確認書」では二枚以上あれば可と書いてあるのに……。確かに先日、大阪店ですりかえ事件が起きたので慎重になっているんだろうけど、何も十五枚全部書き写さなくてもいいではないか。しかし店長に意見しようものならとんでもないことになる。僕は黙って書き写していった。

❖融資するために適度な嘘は許されるんや

「そうしたら取っていただいた戸籍謄本をいただきたいんですが」

免許証またはパスポートがない人は本人確認の手段として戸籍謄本を取得することが、うちの会社の規定となっていた。お母さんが戸籍謄本を差しだすと、それをもとに店長が「テスト」を開始した。「生まれた場所は？」「親の名前と生年月日は？」「兄弟の名前と生年月日は？」とまるで尋問のように問いただしていった。兄弟の生年月日で一人、生まれた年を忘れてしまったというと、「思い出せませんか？」と店長はお客さんをにらみつけるようにつめよった。

「いやあ、確か昭和十年だったか十一年だったか、もう忘れてしまったんですけど。どっちかだとは思うんですけど」

「どっちだと思いますか？」

「いや、ちょっとその辺が今、定かではないんですけど」

「いや、だからどっちだと思います？」

こりゃやばいなと思った時、しつこい店長の食い下がりにお母さんがキレてしまった。

「まるで犯罪者かのように、なんでそんなこと尋問されなきゃいけないんですか？　兄弟の生年月日ぐらい忘れることだってあるでしょう。これが融資と何の関係があるんですか！」

「いや、ですから本人確認をするためです。お母さんが登記簿上に記載されている錦織やよいさん本人がどうかを、間違いなく確認するためですよ」

「本人かどうかって私が本人じゃなっていうんですか？」

「写真付きの公的証明書がない限り、すりかわっていてもわかりませんからね」

「すりかわってるなんて人聞きの悪い。私は本人に決まってるんじゃないですか！」

「ええ、だから本人だったら答えてください」

徹底理論武装の店長に返す言葉がなくなったお母さんは、文句を言うのはあきらめたようだった。本人確認といえども、もうちょっと店長の言い方が優しければこんなことにはならないのに……。どちらか迫られたお母さんは仕方なく「昭和十年」と答えた。戸籍謄本をのぞくと答えは昭和十一年だった。僕は本人確認書に「間違いもあったがスムーズに答えていた」に丸をつけてようとすると、店長から「こっち！」と強く指し示された。それは「一つも間違うことなくスムーズに答えていた」だった。なんだよ、店長。自分の保身のためにお客さんへの手続きは形式にこだわるくせして、営業成績欲しさか、報告書は本部の通りがいいような書き方に変えてしまうなんて……。これで無事に契約を終えた。

「いろいろ失礼なことをして申し訳ありません」と僕は最後にどうしてもいいたかった一言をつけくわえ、丁寧に頭を下げた。するとお母さんにもその気持ちが伝わったのか、「よろしくお願いします」といってお母さんも深々と頭を下げた。しかし、店長は、「スムーズに終わってよかったね。これで明日、融資できる。よかったよかった」と上機嫌だった。

❖媒介手数料五％に消費税つけて五・五％とるんや

無事、契約が終わった翌日、融資を行なった。心配していたゴーゴーファイナンスの抹消書類だが、日本総合ファイナンスの福島さんとつながっている回収担当課長が出てきてスムーズに終わった。錦織さんはもう店内に来ていたが、手数料のやりとりがあるので、福島さんを待っていた。十分ほど遅れて福島さんはにこにこ顔で登場した。

「いやあほんとよかったですね、錦織さん。さ、さ、もうこんな時間ですから早めに終わらせましょうよ。で、残金はえーといくらですかね」

一千百万円からもろもろの借金返済を済ませると残りは九十五万円だった。錦織さんが九十五万円を受け取ると、にこにこしながら福島さんがそこから札束をむしりとった。

「えっと、うちの分の媒介手数料五％ですので、一千百万円の五％で五十五万円。これに消費税五％がつきまして合計五十七万五千円ですねー」

おいおい消費税までとるんかい。まったく消費税はこんな風にして都合のいい業者のポケットマネーになっているのではないか。

「いや、仕方がないですよ。消費税は別にうちの収入じゃなくって税金なんですからね。うちの収入はあくまで法律に認められた範囲の媒介手数料五％以内にしてますのでね」

九十五万円の札束からすっと枚数を数えて五十八枚抜き取ると、用意周到に封筒に入れたぴったりのおつりを錦織さんに渡して、さっさと帰っていった。錦織さんはほっとしたようなどっと疲れが出たような表情で「ありがとうございました」とお礼を僕に言ってくれた。

「くれぐれも返済遅れないように。お母さんに迷惑かけないように」と僕は最後に声をかけた。

10 金融とは時間を売る商売や

❖同じ会社でパイを奪い合ってどうするんや

「どうや、紹介業者の営業成果はあがってるか？」

と岡田先輩が声をかけてくれた。

「いや、あまりよくないです。なかなかすぐにお客さんを紹介してくれるところがないんです」

「そうやろうな。ほんと新規は厳しいからな。八木君、ここの業者は行ったことあるか？」

岡田先輩は名刺を差し出した。そこには不動産担保プランナーという書かれた名刺があった。

「ここも紹介業者で、俺も他の社員も営業に行ったんだけど、なかなか案件、紹介してくれないんや。頻繁に通えばもしかしたらいい案件回してくれるかもしれないから、行ってみたらええで」

もしかしたら見込みのある業者かもしれない。善は急げとばかりに早速行ってみることにした。

「そうや、そのいきや。フットワークの軽さとチャレンジ精神、そんでもって何事もあきらめ

ないねばり強さがあれば、今すぐに結果が出なくてもいつかは花開くはずやで」

事前に電話をしてアポを取ってから行こうか迷ったが、最近誰も行っていないようだし、電話だと適当にあしらわれて終わってしまう気がしたので、アポなしで行ってみることにした。

やはり媒介業者らしいというか、メイン通りから一本奥に入った路地のおんぼろペンシルビルにあった。普通だったらこんなビルには入らないだろうけど、あちこち媒介業者へ営業をするようになってからは、躊躇なく入れるようになった。エレベーターを降りるといきなり目の前がカウンターになっていて、そこに熟練金融業者風の中年男性が座っていた。

「あのー、ナルシンファイナンスなんですけど」

「ああ、ナルシンさん、どうも。うちに何か用ですか？」

「ぜひ不動産担保ローンの案件を紹介していただけないかと思ってお伺いしたんですが……」

「あれ、ナルシンさんなら、池袋支店の谷岡さんところにお世話になってますけど」

池袋支店？　そんなバカな。ナルシンの不動産担保ローンの店は、東京、名古屋、札幌、仙台、大阪、福岡の六店舗しかない。

「池袋支店というともしかして普通のキャッシング店舗ですか？」

「そうですよ。谷岡さんにはちょくちょく案件を紹介してるんですよ」

なるほど。一応ナルシンではキャッシング店舗でも不動産担保ローンは扱っている。ただし不動産担保ローン専門店ではないので、媒介業者からの集客ではなく、無担保ローン利用者に斡旋して担保融資を行っているのだ。多分、賢い支店の店長が媒介業者の存在を知っていて、無担保ローン店舗では建て前上は禁止されている媒介業者からの集客をひそかに行っているのだろう。それにしても同じ会社の違う支店に出し抜かれるとは……。

「あの、私は不動産担保ローン専門店のものでして、無担保ローン店舗とは違って、専門に不動産担保をやっておりますので、できればうちの支店に紹介していただけるとありがたいのですが」

「無担保ローン店舗と不動産担保専門店の不動産担保ローンとでは何が違うの？」

ギクッ。それを言われると困る。基本的に扱っている商品は同じだし、審査するのも審査部で同じ。ようは集客方法が違うだけなのだ。ただ、次期社長の椅子をめぐって、無担保ローン店舗を統括する営業本部長と、不動産担保ローン部の川藤部長が、お互いパイを奪い合いながら社内で競争しているだけなのだ。でもそんな事情は紹介業者にとっては何の関係もないのだ。

❖社長に気に入られるようがんばるんや

参ったな。まさか同じ会社の支店がライバルなんて。何か言わなければならないなっと思っていたところ、奥からのっそりと背が高くがっちりした、さらに年配の男性が現れた。

「和田君、君は忙しいだろうから、ちょっと私が相手しましょうか」

「社長、いいんですか？　ナルシンの担保コーン専門店の方ですけど」

「いい、いい、どうせ暇してたから。えーと、君がナルシンの担保ローン専門店の人？」

「不動産担保ローンを専門にやっております八木と申します」

「ほ〜ん、随分と若いね。ひょっとしてまだ入ったばっかり？」

ここでなめられてはいかんと思い、いや三年目ですと答えようかと思ったが、どっしり構えた媒介業者の社長にはすべて見抜かれているような気がして、思わず正直に答えてしまった。

「中央大学出の学生がサラ金に入社かあ。時代も変ったもんだなあ。まあこんなところでなんだから、奥に来て話でもしましょう。今日の議題は、なぜ大卒がサラ金なんかに入ったかだな」

ということで違った意味で引きとめられてしまい、奥のソファーへと案内された。

「ナルシンファイナンスかあ。よっぽど就職が厳しかったか、それとも変わり者か、何も考えてなかったのか、とんでない野心を持っているか……。で、どう？　仕事は？」

なんだか僕の身の上話を暇つぶしにしようとでもいった雰囲気だった。かといってそれに答えず、ただ案件をくださいというわけにもいかないので、ここは素直に話すことにした。

「ええ、毎日が勉強で、充実しています」

「そうか。どう？　金貸しの仕事についてどんな風に八木君は考えてるの？」

入社時の岡田先輩との会話を思い出すようだ。岡田先輩がその後に言っていた「必要悪」という言葉で返答した。

「必要悪なのかもしれないね。でも必要悪の仕事に自分の社会的意義ってものを見出せるのかな」

痛いところをつかれた。でも今はとにかく早く仕事を覚えたい。ただその一心で仕事をしているので、社会的意義などというものまでに考えは及ばなかった。

「ちなみに、ナルシンさんとこは利息はいくらで貸してるの？」

「十七、八％ぐらいです」

「この空前の低金利時代に十七、八％もの高利で借りる人がいる。この人たちは何だと思う？」

❖サラ金は人生をやり直す「時間」を提供してるんや

なんと答えたらいいのだろうかと迷っていたが、社長の様子を見ると、僕に問いかけているというよりも、僕を鏡にして、一人言をつぶやいているような、そんな様子だった。

「つまり、高利で金貸しする我々の商売っていうのは、彼らに猶予を与えてあげている。つまり時間というチャンスを与えている。そういう商売なんじゃないか？」

なんだかわかったようなわからないような話だ。

「高利で借りざるを得ないお客さんには事情があるわけだな。でももう一度、高利でもお金を借りれるだけの力はある。担保を保険にしたにせよだな。自宅を担保にして高利から借りるってことはね、いってみれば最後のチャンスってことなんじゃないかな。今まで借りてた借金をまとめてもう一度やり直す。それを僕らは与えてあげるわけだ。あとはどうするかは本人次第。もう借金せずに、毎月返して人生をやり直すのか、それとも自宅を売ってやり直すのか」

「つまり。われわれが高利だろうが融資することで、人生をやり直すチャンス、時間を与えているってわけだよ。それに対するコストが金利の高さなんだな。そう考えて私はね、この金貸しという商売を三十年やってきたんだよ」

社長さんの言っていることはなんとなくわかったような、いまいちよくわからないような気もするけど、ネガティブなイメージで仕事はしていないのは確かだ。

「サラ金っていうのは、別にやましい商売でもないし、別に立派な商売とは思わないけど、多分君が思っている以上に奥深いし、いいことをしたなと思う時もあるってことを覚えておいた方がいいよ。まあほとんどわれわれの場合は、チャンスは与えるけど客に裏切られて、とどめを刺さざるを得ない場合が多いんだけどね。わっはっは」

僕はすっかり社長の言葉に聞き入って、自分が営業に来たことを忘れていた。

「でも君みたいな人がういういしいよ。だいたいうちのつきあっている業者さんっていうのはね、みんなこの業界でもまれて、社会の暗部を知り、ある意味でみんなすれちゃってるベテランばかりだからね。でも君もそのうちそうなっちゃうんだよなあ」

どうなのかな。でも今のういういしいままでは何も仕事ができずに終わってしまう。

「また暇があったらいつでも来なさい。このご老人がお相手してあげるから」

はたしてこの営業は成功だったのだろうか、それともただからかわれただけだったのか？　でもとにかくまた来てみようと思った。

❖何度も通って話を聞いてあげれば仕事をくれるんや

しばらくしてからまた先日行った不動産担保プランナーに行ってみようと思った。和田さんは相変わらず忙しそうだったが、社長は文字通り暇なようで「ようこそおいでくださいました」といってまた奥のソファーに通してくれた。

「八木さん、今日の新聞見ましたか？　あの政治家の不正どう思いますか？」という言葉を皮切りに、一時間あまり今の政治の不正の話を社長がしゃべり続けた。退屈することもなく聞くことができたが、単なる暇つぶしのしゃべり相手として僕が選ばれただけなのだろうかという疑問はあったが……。話が一段落つくと、

「ちょっとこれから私も出掛けますし、八木さんもお忙しいでしょうから、今日はこの辺で。また暇があったらいつでも来てください」

ということで今回もまた特に仕事の話もなく終わってしまった。これはどう判断したらいいんだろうか？　やっぱり僕は暇つぶし相手なのか、それとも僕がその話を無視して強引に営業の話をするのを待っているのか、僕を試しているのか。仲がよくなっていることは確かなのだが、それで案件を紹介してくれるかくれないかは別問題のような気もしてきた。もうここには見切りをつけて他の業者を回った方がいいのではないかとも考えていた。

しばらく新規の業者を積極的に営業に回っていたが、すぐ案件を紹介してくれるところはなかった。ふと不動産担保プランナーのことを思い出した。雑談だけでも話ができだけマシかと思い、再び行ってみることにした。

❖聞き役になることがいい営業マンの秘訣や

さて、今日もまた世間話で終わってしまうのか。どうなるだろうかと不動産担保プランナーを

訪れた。やはりというべきか、第一声は「今日の新聞の一面記事に載っていた、あの企業不祥事の話どう思います？」からスタートした。でも社長の話はおもしろかった。今日も世間話で終わってしまいそうだけど、それでも話はおもしろいしためになるから、この先、案件を紹介してくれなかったとしても、社長から断られない限りは、時々来てもいいかなとさえ思っていた。そんな話が一時間ぐらい続いた後だろうか。話が一段落つくと、社長は一言ぼそりと言った。

「ところで、八木君は、老人のこんな話にいつもつきあってて大丈夫なのかい？」

ドキッとした質問だったが、「勉強になりますので」と素直な気持ちで答えた。

「ところで、八木君はまだ入ったばかりだっていうけど、どんな案件をやってきたのかい？」

「結構変な案件ばかりですよ。ええと、はじめは畑で百八十万円融資したのがはじまりで……」

「畑！　チャレンジャーですなあ」

「それからワンルームマンション三棟を担保に九百万円とか……」

「ワンルームマンションなんかでもやってくれるの？」

「掛け目は六十％にはなりますが……」

「このご時世に、ワンルームでも融資するのかあ。いやあ、それはいい収穫だなあ。うちね、そういう案件結構きてたんですけどね、どこもそんな案件やらないし、ずっと断ってたの。で、金利はいくらぐらい？」

「物件やそのお客さんにもよりますけど、十五～二十％ぐらいが平均でしょうか」

「うんうん、二十%を割るね。おい、和田君！」

「はい！　社長」

「ほれ、二、三日前に築二十七年だかの中古マンションの案件あったよなー」

「ええ、もう断りましたけど」

「このナルシンの八木さんがそのポイ捨て案件を復活させてくれるっていってるから、ちょっと手土産に持たせてやってくれる？」

おおー、ついに案件をくれたではないか。三度通って長い社長の講演話を聞いた甲斐があった。

「じゃあ、いい返事を待ってるから。よろしくー」

担保評価が出るかはわからないが、案件を紹介してくれたのがとにかくうれしかった。社長とも気が合うし、この案件がうまくいけば、トントン拍子に案件を紹介してくれそうな予感がした。

この案件は物件も属性も問題なく、あっという間に決裁がでた。不動産担保プランナーは一度断った案件が十五万円の手数料収入になったので大喜びしてくれた。それ以降、続々と案件がくるようになったのだ。それを見た岡田先輩が驚いていた。

「よく、あの業者から集客できるようになったなー。きっとその社長の気に入られたんやな。若くて新鮮な八木君が」

「いや、でもほとんど社長がしゃべりっぱなしで、僕はろくに営業もできず、ただ聞いてばかりいたんですけど、なんだか急に紹介してくれることになって」

「あのな、営業ってのはな、ただ売り込みかければいいってもんじゃないんだよ。相手の聞き役になる。それも立派な営業なんやで。八木君ならではの誠実さと聞き上手スタイルの営業姿勢が功を奏したんや。話し上手や強引な営業マンならいっぱいおるけど、八木君みたいなまじめな営業マンに、きっと業者も好感を持ったんやろうな。これからもその調子でがんばれよ」

自分は話し上手でもなく強引さもないので営業に不向きかなと思っていたが、聞き役に徹することでも成果が出ると聞いてうれしかった。

11 高利で七千万円融資にチャレンジするんや

❖飛び込み営業から大きなチャンスが回ってくることもあるんや

申込案件のなくなってしまった僕は、貸金業者名簿から、媒介業者や不動産担保ローン業者、小口の金融業者や手形金融業者など、かたっぱしから電話をかけていった。ただ十件かけてもまともに相手をしてくれる業者は一件あるかないかだった。

そんな時、清原さんの契約同行を頼まれた。場所は大宮で十六時から契約だったが、清原さんはろくに説明もせず、契約はあっという間に終わってしまった。事務所に戻るものと思っていたが、清原さんは「これから帰るのはしんどいから、あと一時間ぐらいして店に電話をかけて直帰にしようぜ」ということになった。

「俺、マンガ喫茶行くけど八木君はどうする?」と聞かれた。さぼるのも魅力的だったが、せっかく大宮まで来たのだから媒介業者営業をしようと思った。

「ほう、随分熱心だねえ。じゃあ俺、マンガ喫茶に行ってるから一時間たったら駅で待ち合わせしよう」ということで清原さんと別れた。

さて営業しようと思ったのだが、大宮の金融業者をリストアップした表を持ってきていなかった。駅前を歩いて金融業者があったらあてずっぽうに営業かけるしかないかなと思ったが、それはあまりに効率が悪い。そこで僕は電話ボックスにかけこむとタウンページの金融広告欄のページを探し、大きく宣伝している三つの金融業者を見つけた。その電話番号と住所をひかえると、そこに営業することにしたのだ。

しかし、突然アポなしの営業でどこも面食らうばかり。まともに相手をしてくれなかった。一件だけ名刺とパンフレットを置いてってくれといわれたぐらいで終わってしまった。飛び込み営業は意味がないのかな、清原さんと一緒にさぼればよかったかなと後悔していた。

❖七千万円もの大金、どないして返すんや

ところが、それから数日後、大宮で名刺とパンフレットを置いてきた佐藤金融から突然、案件のファックスが流れてきた。

「岡田先輩！　営業した新規の業者が案件をくれました！　しかも希望七千万円です！」

喜んでくれると思った岡田先輩はなぜか顔を渋らせていた。

「七千万円はやめておいた方がいいな。断った方がいいかもしれん。うちで七千万円もの大金を融資したのなんて聞いたことないからな。これまでの融資最高金額でも六千万円だったからな」

「でもうちは三億円まで融資できるんじゃないんですか？」

「広告上はそう書いてあるけどな、三億なんて貸せるわけないやろ。そもそも返済能力が問題だしな。いくら担保評価がでても十％以上で七千万円借りたら、どんな優良企業でもパンクするで」

岡田先輩の言う通りだ。しかし地獄耳の店長がこの話を聞きつけ、瞬く間にすっとんできた。

「岡田君、はじめからあきらめさせるようなことはいわないで！　とにかく八木君はね、新人なんだから失敗を恐れずいろんなこと、やってもらいましょ！」

「でも店長、七千万円ですよ。しかも物件は都内じゃないみたいやし」

「岡田君はいいから黙ってて！　とにかくやってみましょう。評価がでるなら」

ということで七千万円の案件を進めることになった。

❖担保評価だけじゃなく返済能力が重要なんや

埼玉郊外にある一戸建てで、土地は三百五十坪もある。住宅地図で見る限り、まだ周りには畑が結構残っている地区ではあるが、かなり住宅開発が進んできているようだった。近くの公示価格を見ると坪七十万円が平均らしい。ということは単純計算すると三百五十坪×七十万円＝二億四千五百万円もの価値になる。しかしこれだけまとまった土地で、更地なら分割して売れるが、中央に古家が建ってしまっていることもあるので、半減とまでいかなくても、坪単価は相当下がるだろう。でも仮に公示価の二分の一の坪単価三十五万円でも一億二千万円の評価になり、掛け目は五十七％と極めて低い。担保的には問題ないと思った。

問題は返済能力だった。七千万円もの借金をサラ金から借りて返していくのは容易ではない。よほどしっかりした返済原資が見込めない限り、まず融資は無理だろう。借り入れ人の内容について佐藤金融に聞いてみようと思い、電話をかけてみた。

「うちね、物件の資料しか持ってなくって、詳しい話は何にも聞いていないのよ。それで、今から言う人に直接連絡して、いろいろ詳しく聞いてやって」

そういって借入人と思われる連絡先の電話番号を伝えられた。

「あとはナルシンさんで勝手に進めてください。融資が決まったら連絡もらえれば、手数料だけ取りにいきますので。それじゃあよろしく！」

登記簿謄本上の所有者は、田島晴男となっているのだが、佐藤金融に教えられた連絡先は野茂さんとなっていた。この人が申込人なのかそれとも違うのか、所有者とはどういう関係なのかもわからないまま電話してみた。

「野茂さんでしょうか。私、ナルシンファイナンスの八木と申しますけど」

「ナルシンファイナンス？」

「佐藤金融さんからお話は聞いていないでしょうか？」

「いや、何にも聞いてないんですけど」

参ったな。お客さんにナルシンから電話が来るからって一言いっておけばいいものを……。仕方がないので、僕から、佐藤金融さんから紹介を受けたことを伝えた。

「じゃあ融資するのは佐藤金融じゃなくってナルシンさんになるわけですか？」

「はい、そういうことです。それでいろいろとお話をお伺いしたいんですが」

「詳しくいろいろと話もしたいんで、物件を見にくるついでに来てもらっていいですか」

「わかりました。その時に申込書も書いてもらってもいいですか」

「いいですよ。明日にでも来てください」といって早速、申込することになった。

送られてきた案内地図を見ると担保物件の所在地より二つ手前の駅にある場所で、「野茂不動産」と書かれていた。え？　不動産屋？　不動産屋が申込となるとややこしそうだ。

翌日、野茂不動産の事務所に行った。昔から何年もやっているような不動産屋のようだが、一般客が来るような雰囲気はなかった。五十歳過ぎの男性が一人いただけだった。出された名刺には社長と書いてあったが、有限会社でしかも従業員はまったくいない。この人に七千万円もの大金を貸せるとはとても思えなかった。

❖町金からなぜ金を借りたか調べなきゃあかんで

「で、八木さん、何からはじめましょうか？　先に物件見にいきますか？」

「いや、先にお話を聞かせてください。まず申込経緯からお伺いしたいんですが」

「借り換えしたいからですよ。今、個人名で根抵当権うたれて極度額が一億円で設定されているでしょう。これが地元の町金でたちの悪い業者でね、五千万円をそこから借りてるんだけど、来月に利息含めて五千五百万円で一括返済してくれっていわれて、それで困ってるんですよ」

高利の町金から五千万円もの金を借りているようじゃ、この案件は厳しいなと思った。町金に手を出しているということは金に相当困っているはずだ。もしくは属性が悪いせいで他社が貸してくれず、相手にしてくれたのは町金だけだったということではないか。

「それがひどいんですよ。はじめは二十年ローンで金利九％で貸してくれるといってたんですけど、契約する時になってその条件では難しいから、三ヵ月の短期融資にしてくれっていわれたそうなんです。でもその時に目の前に現金五千万円をつまれたそうで。ただ利息前取りだからといわれて五百万円ぬかれて、その後、三ヵ月たったら一括返済でまた五百万円利息をとろうっていうんですよ。完全な違法業者なんですけど、担保もとられてるし権利書も預かられてるし、何されるかわからないから、早めに返したいと思いまして。それで佐藤金融に電話をかけたんです」

高利の町金に引っ掛かったあげく、相談したところが高利の町金の佐藤金融とは。

「町金からなぜお金を借りる必要があったんですか？」

「はじめに一番抵当で地元信用金庫から二千万円を事業資金のために借りてたんです。ところが一年前に事業がうまくいかなくなった時期があって、それで地元信金に追加融資してもらおうと思ってたんですがね、逆にそれだったら全額返してくれっていうんですよ。信金自体経営が悪いらしく、貸し渋りならぬ貸し剥がしで、機会があったら強引に債権回収しようとしてるんですよ。大企業以外は難癖つけてどんどん金を引き上げて、それで回収金目標の帳尻合わせをしようとしてるんです。そんなわけで、別に支払いが遅れたわけでもなんでもないのに、全額返せっていう話にすりかえられてしまったんですよ」

「でもその時期にすぐゴーゴーファイナンスから二千万円借りてますよね」

「この田島さんって人ね、アパート四棟持っていて、その家賃収入が主な収入源なんですけど、ちょうどその頃、会社の借り上げ住宅として二十室借りていた会社が急に賃貸契約やめちゃったんですよ。家賃五万円で二十室ですから、月々百万円の収入がなくなってしまったわけです。それで困って、信金も追加融資は無理だっていうんで、とりあえずゴーゴーファイナンスから二千万円借りたんです。そうしたら信金から全額返せっていってきたんで、また困ってしまって。ゴーゴーファイナンスの金利も二十％と高いし、信金も全額返せっていうし、どこか一本に借り入れ先をまとめたいなと思った時に、今設定されている町金に引っ掛かってしまったわけです」

話の筋は一応、通っている。謄本と照らし合わせてみても嘘はなさそうだ。

「その後に、私が田島さんから相談受けたんですよ。もっと前から相談してくれれば、変な町金から金を借りさせずに済んだだろうし、法人のアパートの大量解約だって交渉のしようがあったと思うんですけど、アパートの管理会社がいい加減で、あっさり解約を認めさせてしまったものだから、田島さんが困ってしまって。私は前々から知り合いでしたので、相談されたわけですよ」

やっと所有者と野茂さんとの関係が見えてきた。

❖宅地開発で一挙に借金を返済できるんか？

「それでまず、どうしようもないアパート管理会社は切ってもらって、今はうちで四棟のアパート管理をしています。とにかくその二十室を早くうめないことにはどうしようもないですから。単に収入が減るだけじゃなく、アパートを建てた時の銀行のローンも返済できなくなってしまうわけですよ。それで私は家賃を四万二千円に値下げして、十六室うめたんです」

「じゃあ返済原資はアパート収入ということですか？」

「もちろん、そうですけどね。ただアパートの賃料収入だけをあてにしたんでは、またいつか同じような問題が起こる可能性もあるんで、この機会に抜本的に考え直して、ここまで膨らんでしまった借金を一挙に返せる手をうつように勧めているんです。それがこの図案なんですけど」

見ると、担保物件を整形な区画に分けて分譲住宅にする図案だった。あまりの精緻さに驚かされた。細かく数値が記入され、すぐにでも具体的な作業に取り掛かれるようなものだったからだ。

「家賃収入がこの先、このままの金額で入ってくるわけではありません。当然古くなれば家賃を下げなければならないし、管理やメンテナンスにもお金がかかります。それだけを返済原資に七千万円もの金を借りるのは無謀です。それで私は田島さんに借金をきれいさっぱりなくして、何の心配もなく暮らせるように、自宅となっている土地を分割して売ってしまったらどうですかとアドバイスしたんですよ。もちろん全部売ってしまうわけじゃなく、自分たちが住むために百坪はとっておいて、あと四十坪の区画を五個作り、一区画四千三百万円で新築分譲で売り出そうと思うわけです。そうすれば一区画売れたごとに土地値二千八百万円ずつ収入があるわけですから、その利益を返済にまわせば楽になるわけじゃないですか。もちろん売れるまでの間は、家賃収入で返済をきちんとしていきますけどね」

す、す、すごい！　完璧な返済計画ではないか！　第一に確実な家賃収入。これだけでも十分審査は通りそうだが、さらに家賃収入に問題があった時のことも含めた保全対策としての分譲開発。はじめから「この土地売れたら返しますのでお金貸してください」というのではなく、あくまで賃料収入で返済原資は確保しているが、万全を期して売る準備も進めますという話だ。これなら審査の印象はいいはずだ。ひょっとしてひょっとすると、この七千万円案件、何の苦労もせずできるのではないか?!

「野茂さん、これなら審査が通るかもしれません。早速なんですが、申込をしたいのですが」

田島さんと連絡が取れ、今から申込できるという。よし、これでどんどこの案件を進められるぞ。野茂さんの車に乗せてもらい、田島さんのところに向った。

❖いくら資産価値があっても売りにくければダメなんや

車で三〇分ほど走ると到着した。はじめに物件を見た時「ちょっと厳しいかな」と思った。資産価値はありそうだったが、サラ金の担保価値となるとまた話は別だ。万が一のことがあった場合に、物件から回収できるかどうかがポイント。そのために物件の流通性と換価性が重要になる。つまり「いかに売りやすい物件か」ということだ。この三百五十坪もの古い家屋敷付きの土地を誰が買うんだという話になると、難しい問題になる。

家は昔ながらの地主の田舎屋敷。そして現れたのは農家のおじいさんといった感じの人だった。この人では年齢的にきついのではないか。所有者なのでとりあえず申込用紙に記入してもらうことにした。サラ金に担保として差し出すことに抵抗感はないのかと思ったが、今、たちの悪い町金につかまってしまっているせいか、抵抗なく申込用紙に記入し始めた。

年齢は六十五歳。この人だけでは融資はできない。うちの会社の規定では七十歳以上は貸せないことになっている。現在六十五歳だから申込はできるが、完済するまでの期間が七十歳まで、つまりあと五年しかない。七千万円もの大金を五年の元利均等なんかにしたら金利が十％としても月々百五十万円もの支払いになる。いくら家賃収入があっても不可能だ。最低でも二十年ローンは必要になるだろうから、そのためには五十歳以下の連帯保証人が必要になる。

職業は有限会社田島建設の社長。でも月々の収入は十万円。たまらず僕は「それだけですか」と口を挟んでしまった。

「この会社の給料としては十万円しかもらってないそうです。その他に年金十万円と家賃収入がありますから。家賃収入はざっと二百五十万円ぐらいあると思います」

「二百五十万円！」

「なんたってアパート四棟ですから。ただ銀行の抵当がついてますけどね、確か根抵当権で二億だが三億だったかと思いますけど」

家賃収入二百五十万円なら、毎月銀行に返済しても、十分返済できるのではないか。

会社組織になっている田島建設も連帯保証人として申し込んでもらった。建設会社といっても、ようは近所の家修理の大工さんみたいなもので、親子二人だけの会社だ。月の売上も少なく、というか家賃収入があれば働かなくても十分食っていけたわけで、何かあったら仕事をするといった程度なのだろう。申込が終わると、連帯保証人の件を切り出した。

「年齢的な面で審査が通らない可能性があるので、若い保証人をお願いしたいんですが」

「田島さん、息子さん大丈夫だよね。今いる？　いるんだったら息子さんに申込してもらったら」

若くてしっかりした息子が保証人になれば、年齢的な面だけでなく、人物的な面でもプラスになるだろう。しかし、でてきたのはおじいちゃんより、さらに冴えなさそうな、ぽあーんとした息子だった。息子は三十五歳。田島建設勤務で取締役という肩書き。給料は月二十万円。もちろんボーナスなどない。でも住宅ローンがあるわけじゃないし、親と同居だし、独身だし、家賃収入も入ってくるし、二十万円もあれば悠悠自適な生活を送っていることだろう。

息子に申込をしてもらい、消費者金融からの借り入れはあるかとか、決まりきった質問をしたが、特にこれといって問題はないようだ。

申込が終わると、物件調査に乗り出した。しかし、それにしても広い。さすが七千万円級である。撮影するだけでも結構な時間がかかった。物件そのものに問題はないようだった。

「アパートの写真も撮りますか？」

「ええ、撮りますけど。ここから遠いんですか？」

「いや近いんですけど車じゃないと無理です。一緒に見にいきましょう」

一体、野茂さんは何者なんだろうか。なぜこんなに親切に手伝ってくれるのだろうか？

❖バブル期に銀行に踊らされ、バカを見たんやろ

アパートに向う途中、田島さん一家のことを考えていた。どうして大地主の田島さんがこんなことになってしまったのか。野茂さんに聞いてみると、詳しく事情を話してくれた。

「田島さんも銀行に踊らされ、バブルに踊らされてバカを見た被害者の一人ってことですよ。この辺一帯は田島家の先祖代々の土地だったんです。でも時代が変り、この辺まで東京への通勤圏として宅地開発が進むようになり、土地を売ってくれっていう人が増えてきた。どうせ苦労しないで手に入れた土地だし、固定資産税もバカにならないし、言われるがままの安値で手放していったんですよ。そんな風に売った土地代で楽して生活して、農作業もきついなと思っているところへ、銀行が誘いの手を伸ばしたわけです」

「銀行が誘い？」

「そうです。バブル全盛の頃は不動産の取引が活発だった。そこで銀行は広い土地を持っていて農業生活をやめたがっている地主に誘いをかけていったわけです。『農業は大変だし先行きもない。かといって土地を切り売りしてしまえば資産はなくなってしまう。そこでどうです？　土地を有効活用するために、楽して生活するためにアパートを建てませんか？　そしたら家賃収入だけで一生、働かずに生活できますよ。アパート建築費用は土地を担保にしていただければわが銀行で融資いたしますので』。みんなこの手でイチコロですよ」

なるほど、そういうことだったのか。

「バブルの時代はよかった。アパートの家賃だっていい値段をとれてたんです。つまり銀行の返済計画はバブル絶頂の家賃収入をもとに考えられていた」

「ところが……ですよね」

「そうです。バブルが終わると物が売れなくなり、価格競争がはじまった。でも価格を下げたらバブル期に融資を受けた返済計画が狂ってしまう。そこへ法人契約の一斉解約でしょ。家賃は下がるは法人は契約をやめるわで二重苦だったんでしょう。それで歯車が狂ったんです」

アパートは、田島さんの自宅から車で五分ほどのところにあった。田島さんの自宅よりさらに栄えていない場所で、駅からも離れていた。アパート四棟ともすべて同じ形をしていて、二階建てで一棟二十室、すべてワンルームなのだそうだ。間違いなくここも担保にとることになるので、すべて写真を撮っておいた。

「それで今、どのぐらい入居者がいるんですか?」

「七割はうまっているはずです。今も懸命に募集してますんで、もっと増えると思いますけどね」

四棟八十室の七割というと五十六室か。一室あたり四万五千円としても月の収入で二百五十万入ってくる計算になる。これはすごい収入だ。農家なんてやってられなくなるのも当たり前だ。しかしそのうち一体いくら銀行に支払っているんだろうか。

「毎月銀行へは百六十万円ぐらいでしょう。ですので九十万円は残ります。それをナルシンさんの返済にあてようってわけです」

九十万円なら返済原資として十分だ。七千万円で仮に二十年十二%で借りても月々の返済は七十七万円。家賃収入だけで十分まかなえる。これなら返済能力もクリアできるだろう。

「あとは法務局に行って登記簿謄本を集めてきます。事務所に戻りましたらうちの店長に打診して、いけそうな感触でしたら野茂さんに連絡しますので」

野茂さんと別れると法務局に行き、登記簿謄本を取得した。自宅もアパートも問題もなさそうだ。今日の話を聞く限りでは、十分融資できるのではないかと、超高額案件に期待していた。

翌日、田島さんの概要を整理して紙に書いて店長に渡した。物件の概要や属性を書き、資金使途についてもこまかく書いておいた。これを見た店長は「いいんじゃない。やってみましょ！」といった。しかし本当にこんな超高額案件を進めてしまって大丈夫なんだろうか。

❖不確定な未来を審査は評価しないんや

「自宅の宅地開発計画なんですけど、詳しい資料を集めた方がいいですよね？」

「一言いっておくわ。八木君はね、この宅地開発計画で保全が効くと思ってるかもしれないけど、はっきりいってまったく審査の対象にならないから。だから、そんな書類は集めなくていいから」

店長の意外な返答に困ってしまった。家賃収入だけでも返済能力は見込めるが、あの宅地開発があるからこそプラスアルファになるんじゃないか。

「いっておくけどね、審査部はあくまで現在どうなってるかで判断するの。未来がどうなっていようがそんなのは知ったことじゃない。宅地開発しようが、自宅を売りに出そうが、どうなるかはわからない。わからない未来は審査対象にはならないんだよ。もう実際に宅地開発を進めているんだったら審査の対象になるけど、何にもはじめてないでしょう。それじゃだめなんだよ」

野茂さんから話を聞いた時はすごいと思ったが、店長の言う通りだ。この先どうなるかはわからない。未来を審査は判断しないという言葉が深く突き刺さった。

「だからアパート四棟の返済原資が、ものすごい重要性を帯びているわけ。だから、入居者すべての賃貸契約書のコピーもいるしね、ちゃんとそれが毎月振り込まれているかを確認するための通帳コピーも必要だしね、入居者が本当にその部屋に住んでいるのか、表札の確認、電気メーターが動いているかで、住んでいるかの確認は必要になるからね」

うへー、アパートの入居者全員の確認をきちんとしないとだめなんだ。

「あとね、八木君、なんでお母さんの連帯保証をとってこなかったの？」

「お母さん?!」

「重要なのは毎月の返済原資をいかに確保するかでしょ！　家賃収入が万が一こけても毎月返済させるためには、いつできるかもわからない宅地開発計画なんかじゃなくってね、年金をもらってるはずのお母さんの方がよっぽど確実な返済原資でしょ。お母さんも連帯保証させるのが営業マンとして当然のことでしょ」

確かにその通りだ。まだまだ自分は甘いなと思った。

❖税金の滞納は致命的なマイナス材料やで

ひとまず必要な書類をリストアップして野茂さんに集めておいてもらわなくてはならない。あとはお母さんの申込をしなくてはならない。そんな時、田島さんの息子から電話が掛ってきた。

「先ほど借り入れはないって答えたんですけど、実は何社からかお金を借りてまして……」

参ったな。別にきちんと返してれば問題はないが、サラ金から借りていない人と、何社かつまんでいる人では審査の心象が違う。ましてサラ金から借り入れているお金があったらすべて融資金から差し引いて返さなければならない。融資金の内訳も大きく変わってしまう。

「で、どのぐらい借りてるんですか？」

「四社から九十万円ほどなんですけど」

九十万円ならそんなに影響はあるまい。七千万円の借り入れの内訳は借り換えだけでぴったりじゃないから、そこから九十万円差し引いても、それほど問題はないはずだ。

野茂さんに集めてもらう書類をリストアップし、ファックスで送って電話で説明した。膨大な書類があるにもかかわらず、いやともいわず、すぐに集めますといってくれた。この案件に野茂さんが間に入っていなかったらきっと進まなかっただろうな。お母さんの連帯保証人も大丈夫なようだ。また納税証明書も全部集めてくれるという。

「税金の未納があったらもうそれで融資はだめになってしまいますか？」

「いえ、未納があった場合にはすべて融資金から差し引いて支払いします。ただ未納があると支払い能力がないと見られる可能性がありますので、審査にいい印象は与えませんが……」

「わかりました。じゃあ私の方で全部集めてきます。ちょっと心配なんで」

きっと未納額があってそれを気にしているのだろう。

「すぐ書類を集めますので、早めに結論をください。町金が金はまだかとうるさいので」

あとは不動産鑑定士に担保評価の依頼をしなくては。埼玉ならこちらのいいなりで担保評価をしてくれる超あまい評価の生島鑑定士がいたが、七千万円の案件だけに、いい加減なところに鑑定をお願いしたら、かえって審査部の印象が悪くなるし、後から問題になったりするのも嫌だった。そこで厳しい評価で有名な山内不動産鑑定士にお願いして、厳しい鑑定士でもこんなに評価が出ているんだから大丈夫ですみたいな形でもっていこうと、店長と相談して決めた。

三日後、野茂さんからすべて書類を集めたと電話があった。随分早かったな。さすが野茂さん。やはり一刻も早く結論を出してあげなければなと思った。

❖相続人を全員連帯保証させるんや

再び田島家へ行き、お母さんの申込をした。お母さんは六七歳で無職だが、年金で月七万円程度の収入がある。たった月七万円とはいえ、プラス材料が増えるに越したことはなかった。店長がお母さんの連帯保証人を取れといった意図は、単に月七万円の収入だけではなかった。

「担保物件に住んでいる同居人を全員いれておけば取り立てしやすくなるから。それから、万が一、所有者のお父さんが亡くなっても、相続人をすべて抑えておけば、相続絡みの問題が起きなくなる。そういうもろもろの意味が含まれてるから、高齢で月七万円しかないけどお母さんの連帯保証人が必要なんだよ」

そんな深い読みがあってのお母さんの連帯保証人入りだった。申込が終わると、そろえてもらった書類をもらった。

「そういえば税金の未納はまったくなしですか?」

「ええ、実は八木さん、ここだけの話にしてほしいんですけど、若干未納があったんで、それが表に出ると審査に影響すると思って、私が立て替えたんです。だから資金使途に、私が立て替えた税金分を野茂不動産への未払い金返済みたいな形に変えてますんで、よろしくお願いします」といって、野茂さんは資金使途を書いた表を差し出した。

資金使途：①町金返済・五千五百万円、②媒介手数料（佐藤金融）・三百五十万円、③ナルシン手数料＋登記費用などの経費・二百万円、④息子の消費者金融返済分・百万円、⑤野茂不動産未払い金・二百万円、⑥宅地分譲開発資金・五百五十万円、⑦予備費・百万円／計七千万円。

野茂さんは、単に高利の町金からの借り換えよりも、宅地開発資金に眼が向いているようだ。それは当然大きな事業になり、そこに不動産会社として全面的にかかわりたいからこそ、きっと田島さんが間に入って、熱心にこうして資料集めをしてくれるのだろう。

その後、アパートに住む全入居者の確認をしにアパートに向った。賃貸契約書の名前と部屋番号を見て、実際の部屋の前で表札の確認、それと本当に今住んでいるか、電気メーターが動いているかなど、全五六室チェックした。すべてチェックが終わり、集めるべき資料はすべて集めた。やっと審査にかけられる。

❖何もしない紹介業者が三百五十万円もの手数料をとれるんかいな

事務所に帰ると書類を整理し、稟議書を書いて店長に提出した。店長はさっと見ただけで、「うん、これでいきましょ。やってみなきゃわからないし」とかなり楽観視した答えだった。

店にあるホワイトボードには今月融資実行された契約案件がずらりと書かれるが、稟議書を上げた要件も「決裁申請中」と書き出される。「田島・七千万円・担当八木・紹介先佐藤金融」という文字が書かれると、店内にどよめきがあがった。岡田先輩が声を掛けてくれた。

「ところで佐藤金融は五％とるんか？」

「ええ、そのつもりみたいですけど」

「そのつもりって七千万円の五％いうたら三百五十万円やで！　そんな金額までとるんかい」

「ええ、多分……」

「融資できないって可能性も大きいと思うけど、審査が通って融資がＯＫになったらその後、何が問題になるのか、今のうちからしっかりつめておけよ」

そういわれてあわてて佐藤金融に電話をかけておいた。

「媒介手数料は今回、金額が大きいんで、三％とか低くなることはありますか？」

「はあ？　うちはいつでも五％ですよ」

「わかりました。田島さんともそれで話はついてますよね」

「確かいっておいたと思ったけど、いずれにせよ融資が決まったら連絡ください。じゃ！」

といって電話を切られてしまった。

❖必要最低限の金しか貸さんのが鉄則や

不動産鑑定士から担保評価があがってきた。

「んんん？　坪三十五万円？　随分と厳しいな……」

僕の担保評価は坪四十万円の評価だった。付近の坪単価七十万円からかなり落としている額で、この最低ラインは切らないだろうという厳しい評価をしたつもりだったのだが、山内鑑定士は、僕以上に厳しい評価を下してきたのだ。こんなに厳しい評価では他の社員がこの鑑定士に頼まないわけだ。こんなんじゃ、融資できる案件もできなくなってしまう。とはいうものの、坪三十五万円の評価でも希望額七千万円に対して掛け目は五十七%だ。これで一通りの書類はそろった。あとは審査がどう判断するかだった。

審査に送ってから二日後にやっと店長のもとに回答が来た。「融資できない」といった回答も考えられたが、それはなんとか避けられた。しかし本当に融資できるか定かではない返答だった。追加調査の指示だけがきていた。

「最大の問題は金額なんだよ。どうも七千万円という金額には大分審査は腰がひけている感じでね。今回の融資は高利の町金の借り換えのみにとどめたいらしいんだ。できるだけ融資金額を低くしたいと思っているみたいだから。それで宅地開発資金は今回はまったく抜きにして、純粋な借り換えと今、他に必要な金額はいくらなのか、その上で融資申請金額を出しなおして欲しいってことなんだよ」

「七千万円」を合言葉にやってきただけあって、それが借り換えのみで減額になるということがショックだった。きっと野茂さんに相談したら野茂不動産が連保になってでも宅地開発資金が欲しいというはずだ。それでなんとか七千万円で進めたいと思っていた。

「それとね、媒介手数料だけど、こんな高額で佐藤金融は五%とるっていってるの?」

「は、はい。確認したんですけど五%満額とるつもりでいるみたいです」

「随分強欲な媒介業者だねー。まあ佐藤金融がそういってるんだったら仕方がないね。急ぎで金額調整して、もう一度、審査にかけなおすからね」

すぐ野茂さんに電話をかけ、今の状況を伝えた。

「そうですか。もうてっきり審査から回答がくればお金が出るかと思ってたんですけど。で、そんなこといっても仕方がないんで、私は何をすればいいんですか？」

「ご相談したいのは金額なんです。宅地開発のための資金が必要なら野茂さんの連帯保証がいるっていっているんですが、いかがでしょう？」

「連帯保証？　私がですか？　それは絶対できません」

「そうなると、宅地開発費用はカットされ、借り換え資金だけになるんですが、いいですか？」

「ええ、この際、宅地開発の資金はあきらめましょう」

野茂さんがあっさり宅地開発資金をあきらめたのは意外だった。連帯保証がよほど嫌なのだ。

「では宅地開発資金をのぞくと、多分六千三百万円あれば足りると思うんですけど、それで金額申請して大丈夫でしょうか」

「とにかく早く融資ができる方法をとってください」

「わかりました。追加調査を早急にやって、結果が出次第、すぐに報告します」

❖融資金額を減らすのが審査の仕事や

審査から追加調査依頼が来て二日後、すべての調査を終え、再度稟議書にまとめて提出した。

希望金額六千三百万円、金利十％、二百四十回払いで決裁を依頼した。稟議書を提出してから三日間。審査からなんの連絡もなく時が過ぎていった。高額案件とはいえ、それにしても遅すぎる。やっと夜遅くなってから、店長宛てに審査部の部長から電話があった。

「こんな時代に六千三百万なんて聞いたこともない高額融資やけど、回収に問題はないんか？」

「問題ありません。物件については問題ないですし、アパートも担保にとります。また返済原資についてもアパート収入だけで十分かと思いますが、念のため一家全員を契約者にしますので」

「とりあえず資料はざっと見させてもろうたけど、申請している六千三百万円は無理や。不動産鑑定士の評価の五十％の六千百二十五万円で考えてるんやけど、それじゃあまとまらんか？」

「必要最低金額は六千三百万円ですので、なんとかそれで……」

「わかった。じゃあ担当の係長と調整して、問題なければ細かい条件をつめて決裁出すわ」

「へへええー、ありがとうございます！　よろしくお願いします」

正式決定ではないが、ほぼ六千三百万円で決裁がおりそうな気配となったのだ。

「八木君！　朗報だよ！　おりそうだよ、決裁が!!」

この案件ならきっと大丈夫だろうとは思っていたが、超高額案件ということで非常に心配していた。でも待たされたわりには意外とあっさりと決裁が出たことに僕は喜びの声をあげた。

ところが送られてきた決裁条件書は希望金額六千三百万円に届かない、六千二百万円、十二％という条件だった。きっと店長は金額交渉してくれるだろうと思っていた矢先に、審査部長から店長に電話が掛ってきた。これ以上の金額アップは不可能だというとどめを刺した電話だった。

なんとか六千三百万円に……と思ったが、店長が僕に何も言わせまいとにらみつけているのをみて、また交渉してくださいとは言えなかった。

❖紹介業者に手数料をまけさせるんや

結果、僕がどうこの金額で客を納得させるかという難題を背負い込むことになった。百万円希望金額より少なくなった分、佐藤金融の手数料か野茂さんの税金立替分のどちらかを削るしかない。佐藤金融が泣くか、野茂さんが泣くか、それしか選択肢はない。まず、野茂さんに電話し、六千二百万円、十二％、二百四十回で決裁がおりたと連絡した。

「そうですか。ありがとうございます。じゃあもうすぐにでも融資できるんですね？」

「ただ問題は金額なんですけど、六千二百万円で決裁が出ていますが、借り換えや必要経費、息子さんのサラ金返済をすると、残り四百万円しかないんです。とすると、野茂さんの二百万円を優先すると、佐藤金融への手数料が百万円ほど足りなくなってしまうんです。かといって佐藤金融の手数料三百万円を優先すれば野茂さんに九十万円しか渡せなくなってしまいますし」

「八木さん、それはまったく考える必要ありませんよ。うちの二百万円を優先してもらいますよ。うちは税金の未納分の立て替えのために金を出したんですから。佐藤金融なんか何にもしてないのに、それでも二百万円の手数料収入があるわけでしょ？　だったら何も迷うことはないですよ」

ということで、減額への対応は決まった。確かに野茂さんの言う通り、考えるまでもなく野茂さんへのお金を優先するほかないだろう。この案件を進めるにあたって野茂さんが納得しない限りはどうやったって融資はできないだろうから。それに比べて佐藤金融は何もやっていない。それでも二百万円もの手数料が入るのだからバンバンザイではないか。

そう甘く考えて佐藤金融に電話を掛けたのが失敗だった。

「だいぶ金額が減額されたことで、問題があるのですが……」

「なんですか？」

「借り換えや必要な経費をもろもろひくと六千万円かかるんです。ですので佐藤金融さんの媒介手数料は残り二百万円ということになってしまうんです」

一瞬、沈黙があった。検討してくれているのだろうか？　しかし突然、怒鳴り声となった。

「はあ？　うちがなんで手数料をまけなきゃいけないんですか！」

「それは承知しているつもりなんですけど、もうこれが融資金額の限界でして……」

「うちをバカにしてるんじゃないですか？　他の費用が削れなくってどうしてうちの手数料が削れるんです？　そんなこと、まるっきりおかしいじゃないですか！　何年、埼玉で金融やってると思ってるんだ？　二十五年やってるうちがなんで最近のさばってきたナルシンのために手数料をまけなきゃいけないんだ？　うちをなめてるのと違うか！」

予想以上に思わぬ剣幕でまくしたてられ、僕は恐さで震えていた。そこへ店長が鬼のような形相をして現れた。僕から電話をひったくると、佐藤金融に怒鳴りはじめたのだ。

「あのね、佐藤金融さん、そもそもお客さんと一度も会ってもいないんでしょ？　そんなんで手数料とれるんですか？　だいたいうちに文句いうより、客にガンガンつめよって回収する。それがサラ金のプロの仕事じゃないんですか？　ていうか客と今回の件について、媒介契約書を交わしてるんですか？　交わしてない？　そりゃまずいね。きちんと媒介契約書を結んでないとなると、法的には客が手数料を払う根拠は何もないですよ！」

店長の言い方はケンカ腰で態度も悪かったが、言っていることは的を得ている。媒介契約書も交わさないで騒ぐと、「佐藤金融なしで」なんてことになりかねないと暗に脅しをかけているのだ。

そして店長の必殺技、言う事だけいってガチャっと電話を切ってしまった。これで良かったんだろうか。僕を助けてくれたことにはなったのだろうが、案件が流れてしまったり、今後佐藤金融から案件を紹介してくれなくなってしまったら意味がない。この先、どうなってしまうのか。

❖町金だって自転車操業なんや

佐藤金融との手数料がまとまらないため、案件がストップしてしまったが、野茂さんから焦ったような声で電話が掛かってきた。

「今、借りている町金がすぐ金を回収したいって騒ぎ出したんです！　何が何でもあさってまでに返済しろといってるんです」

「でも佐藤金融と手数料の話はまだまとまっていないんじゃ……」

「あのね、もうそんなことといってる場合じゃないんですよ。急がないと。地元の町金があさってって指定してきたんだから、もうそれに合わせるしかない。とにかく佐藤金融にもそのことは伝えておいたので、融資の手配してください！」

町金が騒いでくれたおかげで、明日契約し、あさって融資実行という方向で前進した。でもトラブル続きで六千二百万円の案件が本当に融資実行できるという確信を持てないでいた。

そして翌日、店長同行で田島さんの自宅で契約が行われることになった。野茂さんがしっかり田島さんと話をつめているおかげで、契約時にもめることは一切なかった。契約も無事に済み、いよいよ明日の融資実行を控えることになった。問題はとにかく明日、無事に抹消できるのかどうか。そして佐藤金融はどうするのか。最後の最後まで安心できない案件だなと思った。

いよいよ六千二百万円の融資実行日。金額はでかいが、それほど複雑な融資実行ではないが、普通の案件とは違ってものすごく緊張していた。佐藤金融は媒介手数料が減額になってずっと文句をいっていたが、今日そちらに行くとだけ連絡があった。

佐藤金融の問題もさることながら、得体の知れない町金業者の抹消がスムーズにいくかが一番の心配事だったが、店長は楽観視していた。

「どんなでっかい消費者金融会社だろうかどんなちっちゃい町金だろうが、自己資金で融資してるところなんて皆無に近いんだよ。大手サラ金だったら銀行から借りてお金を貸しているわけだから、借りたお金に利息を上乗せして返さなければならない。町金は銀行からお金を借り入れるわけないんだから、あやしい資金源にたよっている。もちろん、そこに利息を払ってお金を返さなきゃならない。つまりね、客が借りた金を返さないってことは、自分たちも借りた金を返せないってことになっちゃうんだよ。だから町金の規模が小さければ小さいほど、取り立ては厳しくなるんだ。でなければ客のかわりに借金を自腹で払わなければならなくなるんだから。町金は現金持っていけば、スムーズに抹消に応じてくれるはずだよ」

それで町金は抹消を早くしたいと焦っていたのか。店長によればこの手の町金は、ヤクザかもしくは、不法業種で金を儲けている金持ちから主に資金を頼っているそうだ。もちろん借り入れ利息も銀行のような低利ではない。

町金とは法務局で待ち合わせになった。僕と店長と岡田先輩の三人で五千五百万円もの現金を持っていくことになった。町金は名刺一つ差し出さないが、抹消書類をきちんと持ってきていた。町金と特にもめることもなく、抹消書類と現金を引き換えにして取引完了となった。抹消で心配していたトラブルもなく無事に終わった。あと残る問題は、残金の支払いの時の佐藤金融の手数料だけとなった。

❖紹介業者も手数料回収に必死なんや

残金の支払いは東京店で受け渡す予定だ。受け渡す残金は四百万円。これだけ残っていると佐藤金融が五%分の三百万円よこせといってくるかもしれない。野茂さんが田島さんのために立て替えた費用二百万円を最優先させるため、佐藤金融が来る三〇分前に取引してしまうと思っていた。野茂さん、田島さん親子と一緒に東京店まで早めに戻ってきたにもかかわらず、すでに佐藤金融は店で待っていたのだ。

佐藤金融が来てしまった以上、野茂さんに先に二百万円渡すわけにはいかなくなってしまった。佐藤金融は田島さんに渡すお金が二百万円で、そのすべてが自分のところの手数料だと思っている。しかし残金が四百万円だと知ったら、五％の三百万円よこせというに違いない。店長は佐藤金融が早めに来たことを察知し、俺にまかせろと合図を送った。

田島さん親子、野茂さん、佐藤金融を前に、まず僕が今回の融資金の内訳を説明し、残金を受け渡しする。形式上、田島さんに残金の四百万円を手渡しする。残金が二百万円ではなかったのかと佐藤金融が今にも文句をいいそうになったその時である。店長がわざとらしく乱入してきた。

「税金の未納分もうちから払うから二百万円はうちで預かりにして！」

店長の突然の乱入に文句を言おうとした佐藤金融は黙ってしまった。店長は二百万円をぶんどると「失礼しました」といって接客室から出ていった。

「いやあ、驚きましたよ。残金が四百万円なはずないですもんね。後、他にひかれるものはないでしょうね？　八木さん」

佐藤金融が僕をにらみつけていった。やはりこの多少芝居がかった様子に気づいたのかと思いきや、そうではないらしい。佐藤金融は二百万円すらもらえないのではないかと危惧してようだ。

「ええ、もうありません。これで一応、田島さんの融資は終わりましたので、あとはそちらで手数料のやりとりを田島さんとやっていただければと思います」

佐藤金融は田島さんに渡った二百万円をごっそり奪い取った。残金二百万円を田島さんや野茂さんに文句を言われることもなく回収できた佐藤金融は、融資前まであれだけ強情に五％三百万円にこだわっていたのが嘘のようにすごく満足しているようで、現生二百万円を大事に抱えて帰っていった。その後、店長が預かった二百万円をうちから田島さんに渡し、田島さんから野茂さんに渡して、これで一件落着となった。

いろいろ最後まで問題があった案件だったがこれでやっと終わった。しかし、田島さんにとってはこれから長く苦しいはじまりなのだ。六千二百万円十二%という高金利の支払いを二十年続けていかなくてはならない。無論、二十年など持ちこたえることはできないだろうが……。

❖六千二百万円もの融資は社長賞もんや

手数料のごたごたの件があり、なんだか後味の悪い融資になってしまったが、ナルシンはじまって以来の新記録となる六千二百万円という巨額融資に、店長のこれまでにないはしゃぎようと他の社員の驚きの声で、僕はやっとすごいことをやったんだなという実感が湧いてきた。

とにかく店長の上機嫌ぶりは異常だった。その異常ぶりを見て、清原さんはつぶやいた。

「そりゃ、店長、あんなに喜ぶわけだよ。この超高額案件のおかげで不動産担保ローンの全六店舗の順位で、東京店は一挙に二位になるかもしれないんだから。この案件で店長の左遷話もなくなるかもしれないな。八木君が店長の首を救ったってわけよ」

他の社員も六千二百万円という奇跡的案件に驚きの声をあげていた。東京店の成績最悪コンビ、野村さんと蓑田主任は、僕を特別扱いすることによって自分たちはこれほど成績をあげなくてもいいんだという論理にすりかえたようだった。

「八木君は前から並の新人じゃないと思っていたんだけど、やっぱりそうだったんだね。なんたって六千二百万円っていう金額は異常だよ。ベテランのおじさんでも八木君に勝とうなんていうのが間違いだったな。わっはっは。これからも店の成績を引っ張っていってくれよ」と蓑田主任。

「僕らは半年かけて六千〜七千万円ぐらいの融資をやれば御の字なんですからねえ。八木君の六千二百万円っていうのはいかにすごいかがわかりますよね。この一件だけで半年分の仕事をしたようなもんですから。おじさんたちの分もカバーしてくれよ」と野村さん。

しかしその二人とは対称的にこの成績に負けず劣らずがんばろうと奮起しているのが清原さんと岡田先輩だった。これまで東京店の個人営業成績はトップが清原さん、二位が岡田先輩だったのだが、六千二百万円の融資で一挙に僕が一位に踊り出てしまったからだ。

「八木君よくやったなあ。でもな、俺は先輩の意地にかけてがんばるから、これで半年分のノルマをやったなんてさぼったら痛い目にあうぞ」と岡田先輩。

「ほんとに六千二百万円なんてやるとは思ってなかったけど、すごいなあ。しかし俺はまだまだ二千万円クラスで実行できそうな案件も今、抱えてるから、店で一位になってるのはほんの一時期だよ。最後にトップになるのは絶対に俺だからな。八木君には負けないぞ」と清原さん。

他の社員に与えた印象は強烈だった。融資の平均単価が一千万円程度の不動産担保ローン部で六千二百万円という金額はズバ抜けていた。このミラクル案件の融資は東京店だけでなく、他店にも強烈な影響を与えていた。各店舗の店長からうちの店長宛にひっきりなしに電話が掛ってきた。万年最下位の東京店に、超高額案件をわずか入社一年目にしてやってのける驚異のスーパールーキーが現れたと大騒ぎになっていたのだ。

不動産担保ローン部の川藤部長から僕宛に直接電話が掛ってきた。

「ようやったなあ。八木君。新人の君が、東京店のみならず、部全体、いや会社全体に与えるインパクトは相当なもんだよ。きっと。その調子でどんどん記録を塗り替えてや」

「は、はい。ありがとうございます」

「それでな、社長からもお褒めの言葉があってな、上半期が終わったら社内で最も活躍した最優秀社員として表彰したいっていっておったからな」

社内で表彰?! 実感は湧かないが、僕がやったことの大きさは単に万年最下位東京店を救っただけにとどまらず、全社的に評価されるべき驚異的なことだったらしい。

「八木君、ま、とにかくすごいけど、うちらの商売は融資しただけじゃ、うちは一銭の儲けにもならんからな。またしっかり回収の方もやってな。わっはっは」

融資しただけでは終わらない。それをきっちり取り立ててやっと一人前の金融マンなんだ。川藤部長のその言葉がいつまでも僕の胸に響いていた。

エピローグ――融資したお客さんのその後

六千二百万円の融資を成功させ、僕は入社一年目にして一億円プレーヤーになった。しかしサラ金は融資することだけがすべてではない。それがきっちり回収されてはじめて仕事になるのだ。四月、岡田先輩が融資した静岡の村上さんは三ヵ月後ぐらいから支払いが遅れはじめ、結局、半年後、どうにも支払いめどが立たずに、結局、自宅を売却し全額返済することになった。自宅を売却して返済というのは担保所有者の抵抗もあるし、いざ売りに出してもなかなか売れないということもあるので、こんなにスムーズにいくケースは珍しい。ただその背後にはこの案件を紹介してくれた媒介業者トウアンが絡んでいて、トウアンがうまく売却話を進めたようだ。地元の不動産業者とも通じ合っているトウアンが動いたから、きっとスムーズにいったに違いない。

自宅を売った村上一家は小さなアパート賃貸暮らしをはじめたそうだ。フリーターの弟はこれを機会に一人暮らしをはじめたようだ。お母さんは精神的ショックで寝込むことが多くなったという。村上さん本人は自己破産するより自宅売却で借金がすべてチャラになるならその方がいい

と思ったのだろう。変わらない生活を送っているようだ。

僕が畑を担保に融資した影千代さんもだんだん支払いが遅れがちになり、取りまとめたはずのサラ金借金をまた他社からするようになり、借金総額が百五十万円増えていた。そして一年後、ついにパンク。自己破産した。旦那の借金に嫌気が差し、奥さんは離婚したが、うちの連帯保証人になっているので、うちは奥さんに厳しく返済を詰め寄った。奥さんは「別れた旦那の借金をなぜ私が払わなくてはならないのか」と騒いでいたが、うちから再三電話回収が行なわれていたことにプレッシャーを感じ、親戚から金をかき集め、全額返済となった。畑は売りに出したが、一向に売れなかった。

三棟のワンルームマンションで融資した商社の部長、近江さんは一度も遅れることはなかったが、ついに内緒にしていた奥さんに借金のことがばれたらしい。奥さんとは別居状態らしいが、支払いは滞りなく続けている。

ミュージシャン崩れの錦織さんは、月々の収入が安定せず、本人はほとんど支払うことができず、仙台にいる連帯保証人のお母さんにたびたび督促電話をかけた。お母さんもはじめのうちは私が立て替えておきますからとすんなり払ってくれたが、何度もお母さんが支払うことになり、「息子に支払わせてください」というようになった。しかしお母さんは単なる保証人ではなく連帯保証人だ。本人に優先的に督促する必要はない。連帯保証人だからといって本人の次というわけではないのだ。清原さんがきつく督促電話を掛けたら、その後は仕方なくお母さんがうちの支払いをしていた。しかし錦織さんは再びサラ金数社に手を出し、借金が増え、九ヵ月後、増えた借金とうちの不動産担保の借金を再びゴーゴーファイナンスで借り換えすることになった。ゴーゴーファイナンスとあやしげな媒介業者を伴い、全額返済に来た。

六千二百万円融資した田島さんは、一年後あたりから返済が遅れるようになった。どうもアパートの入居者が減り、賃料収入が少なくなってしまったらしいのだ。連帯保証人になっていたお母さんも亡くなったようだ。今度こそ宅地開発計画を進めて、きれいさっぱり借金を整理したいといっていて、その開発手付金として野茂不動産に百五十万円支払ったらしいのだが、その後、野茂さんが蒸発してしまい、宅地開発も進まず、月々の支払いが七割程度しかできなくなってしまった。そのためうちは競売申し立てをした。競売に出た後もなかなか買い手がつかなかったが、地元のあやしげな開発建設業者が競売で買うことになり、全額返済となった。

長期にローンを組めることがうちのメリットになっていて、実際の契約は十年とか二十年にはなっている。しかし低利の住宅ローンとはわけが違い、なんせ高利の借金取りまとめ融資が多いために、うちで借り入れている期間は平均でおよそ二年程度なのだそうだ。その後、支払いが遅れだすと、①さらに高利のゴーゴーファイナンスや町金などから担保借り入れして、うちの借金を全額返済する。②連帯保証人や親戚、家族からお金をかき集めて返済していく。③不動産売却し、そのほとんどの金額をうちの借金返済に回す。④自己破産し、法的手段によって債務整理をする。⑤うちが競売申し立てし、競売で解決する。といったパターンになる。

融資してからそれぞれの客とつきあう期間がたった二年程度でも、うちは融資時に二%の手数料をとり、毎月支払われる金額のおよそ九割は利息として入り、途中で完済すれば違約金三%が入るので、二年程度しか借りなくても十分、儲けがある。その後も、ナルシンは毎年、右肩上がりの急成長を続けた。

岡田先輩はそんな状況を見ていつもつぶやいていた。

「うちらも高利で借金とりまとめるだけの死に金融資じゃなく、多少リスクがあってもベンチャー企業への運転資金の融資とか、宅地分譲の開発資金融資とか、融資金が生きる融資をしたいもんやな」

しかし、会社はあくまでそのようなリスクの高い融資には手を出さず、儲けが確実に見込め、とりっぱぐれない、小額融資とそのとりまとめとしての不動産担保融資を積極的に進め、二年後、ついに株式上場を果たした。創業社長は長者番付のトップ十入りした。

二年程度でお客さんが減ってしまうため、営業は次なる客をみつけ、どんどん融資しなくてはいけない。借りる方も自転車操業だが、貸す方もいわば自転車操業だ。僕は懸命に業者開拓をし、お客さんをみつけては融資を続け、一年目にして不動産担保ローン全店のトップセールスマンになった。

サラ金は必要悪。必要としている人はまだまだいっぱいいるようだ……。

（完）

あとがき

僕は大学卒業後、消費者金融に二年四ヵ月ほど働いて辞めた。仕事はおもしろかったし、営業成績は常にトップで、このわずかな期間で総額十億円もの融資を行った。平均金利は約十五%。会社に高金利という驚くほどの利益をもたらし、そして自分のボーナスや給料も上がった。でもそれは債務者が毎月返すお金から支払われている。自分が担当した一人ひとりのお客さんの顔が思い浮かぶと、どこか心苦しく、一生する仕事ではないなと思った。使い切れないほどの高額なボーナスの貯金があったので、退職後は三ヵ月ほどアジアをぶらぶら旅行する余裕があった。

新入社員研修で一緒になった八名の大学卒男性社員のうち、わずか入社一ヵ月で六名が辞めていった。それを見越してか、会社は二百五十名もの社員を雇っていたので、人員計画に狂いはないようだ。辞めた理由は人によってさまざまだが、結局、この仕事を続けていく意味を見出すことができなかったのだろう。はたから見れば、大量に新卒社員を採用し、毎年、驚くべき成長を遂げる注目企業ということになるのだが、実際に働いてその実態を目にすると、やっていけなくなってしまうのだ。

僕はサラ金業界の実態を書くために潜入入社したわけではない。サラ金退職後、ライターの仕事をするようになったが、サラ金のことを書く気にはなれなかった。僕にとってサラ金でしてきたことは、毎日、それが当たり前の仕事として行っていたもので、とりたてて珍しい体験とは思わなかったからだ。

でも時折、ここに書いたようなサラ金の実態を話すと、誰もがおもしろがって話を聞いてくれた。ほとんどの人がその実情を知らないからだ。「これは危険なことだな」とその時、感じた。いつか実態を知らない多くの人が、愛らしいＣＭキャラクターに騙され、転落した人生を送ってしまうのではないかと。そう思って、サラ金での実体験を書くことにした。

僕のホームページ・かさこワールド http://kasako.web.infoseek.co.jp でこの物語を連載したが、合計五十万字にも及び、内容も面長になってしまい、だらだらと長い文章が多く、読みづらかった。本書は、その中からおもしろい話をピックアップし、読者が読みやすく、かつ必要な内容を網羅した形の内容に再構成したものだ。その編集アドバイスをしていただき、ここに書かれた内容を多くの人に知らせるべきだと共感していただいた花伝社の平田勝社長のおかげで、本書ができた。

本書が、消費者金融業界に限らず、借金をするということそのものに対する日本社会のあり方、環境そのものを考え直す一つの参考になれば幸いだ。また、就職先・転職先として消費者金融を考えている人々や、軽い気持ちでサラ金に手を出してしまう人々が、業界実態を認識していただく一助になれば幸いだ。

今や金貸しは、消費者金融だけでなく、銀行やＩＴ企業などもこぞって参入している状況を見るに、新たな悲劇を生まないためにも本書が何らかの役に立てばと願っている。

二〇〇五年　八月一日

笠虎　崇

笠虎　崇（かさこ　たか）

1975年横浜市生まれ。埼玉県立川越高校卒業。

中央大学法学部卒業後、大手消費者金融の不動産担保ローン部に２年４ヵ月勤務。

入社２ヵ月目で月間契約件数最高記録、入社４ヵ月目で融資額最高記録を達成。入社１年目で店のトップセールスに。入社２年目で都内のトップセールスになり、わずか２年間で総額10億円の融資を行う。

消費者金融退職後、『深夜特急』に憧れ、アジアを３ヵ月放浪。

帰国後、予ての希望であった雑誌・広告の編集・ライターの仕事に転職。

旅行ガイドブックのトラベルライターとしても活躍する。

現在、毎日更新ホームページ「かさこワールド」にて、旅行記、海外子供写真ほか、猫写真、ラーメン探訪、椎間板ヘルニアドキュメントなど、文章と写真を両輪に、創作活動を行っている。

ホームページ　http://kasako.web.infoseek.co.jp/

メールアドレス　kasakotaka@hotmail.com

サラ金トップセールスマン物語——新入社員実録日誌

2005年９月20日　初版第１刷発行

著者 ——笠虎　崇
発行者 ——平田　勝
発行 ——花伝社
発売 ——共栄書房
〒101-0065　東京都千代田区西神田2-7-6 川合ビル
電話　03-3263-3813
FAX　03-3239-8272
E-mail　kadensha@muf.biglobe.ne.jp
URL　http：//www1.biz.biglobe.ne.jp/~kadensha
振替 ——00140-6-59661
カバー・絵ー奥　啓介
本文イラストー赤羽進之介
装幀 ——神田程史
印刷・製本　モリモト印刷株式会社

ISBN4-7634-0448-2 C0036